> **일러두기**
> • 이 책에 나오는 나라 이름과 도시 이름은 국립국어원과 외교부 기준을 주로 따랐습니다.
> • 인구수는 국제 연합(UN)에서 발표한 2024년 자료를 참고했고, 면적과 언어는 외교부 자료를 참고했습니다.
> • 인명, 지명, 유물 등의 외국어와 외래어 표기는 국립국어원 외래어 표기법을 따랐습니다.
> • 러시아는 지리적으로 아시아와 유럽에 걸쳐 있으나, 수도 모스크바가 유럽에 위치하므로 유럽으로 분류했습니다. 튀르키예, 이집트도 같은 기준을 적용했습니다.

★ 읽다 보면 사회 상식이 저절로 ★

그래서 이런 나라가 생겼대요

우리누리 글
이진아 그림

길벗스쿨

> 들어가며

　우리가 사는 지구에는 크고 작은 나라가 200여 개나 있어요. 그중에는 여러분이 잘 아는 나라도 있지만, 이름조차 처음 들어 보는 나라도 있을 거예요. 오늘날 우리는 이처럼 많은 나라들과 경제, 문화, 정치 등 다양한 분야에서 서로 밀접하게 영향을 주고받으며 살고 있어요.

　그런데 다른 여러 나라와 활발하게 교류하면서도 사람들이 살아가는 모습이나 생각하는 방식은 제각각 달라요. 나라마다 고유한 역사와 문화를 간직하고 있기 때문이지요.

　『그래서 이런 나라가 생겼대요』는 어린이들이 이러한 다양성을 이해하고 세계를 폭넓게 바라볼 수 있게 도와주는 책이에요. 우리에게 익숙한 나라부터 낯선 나라까지, 어린이가 꼭 알아야 할 세계 여러 나라의 이야기를 들려주지요. 무엇보다 각 나라가 생겨난 역사적 배경을 자세히 알려 줘요. 예를 들어 미국은 영국에서 건너간 청교도들이 세웠고, 호주는 영국의 죄수들이 세운 나라예요. 그리고 대만은 중국 내전에서 패한 국민당이 만든 나라인데, 지금도 중국과 사이가 좋지 않아요. 이처럼 한 나라가 만들어진 배경을 알면 세계사는 물론이고 복잡한 국제 관계까지 자연스레 이해할 수 있어요.

　이 책은 각국의 독특한 문화도 소개해요. 말레이시아에는 등이나

혀에 쇠꼬챙이를 꿰고 행진하는 축제가 있고, 스페인에는 서로에게 토마토를 던지며 즐기는 축제가 있어요. 또 미얀마에는 남자아이들이 승려 생활을 체험하는 전통이 있지요. 이렇게 생소하지만 흥미로운 전통과 문화를 접하다 보면, 우리와 다른 문화 속에서 살아가는 사람들을 이해하고 존중하는 마음을 키울 수 있을 거예요.

이 책의 또 다른 특징은 뉴스에서 자주 보도되는 국제적인 이슈까지 두루 다룬다는 점이에요. 팔레스타인과 이스라엘의 전쟁, 아프리카 내전 같은 사건들을 설명할 때는 역사적 사건과 주변국과의 관계 같은 배경을 함께 알려 주기 때문에 국제 문제를 객관적이고 균형 잡힌 시각으로 바라볼 수 있어요.

이처럼 『그래서 이런 나라가 생겼대요』는 세계 여러 나라의 역사와 문화를 재미있는 네 칸 만화와 이야기로 풀어내면서 세계를 이해하는 눈을 자연스럽게 키워 주는 책이에요. 책장을 넘기다 보면 어느새 세계가 더 가깝고 흥미진진하게 느껴질 거예요.

그럼 지금 바로 세계 여러 나라로 함께 떠나 볼까요?

-우리누리

차례

들어가며 2

1장 아시아 나라 여행

대한민국 세계에서 유일한 분단국가라고요? 10
일본 아시아에서 제일 먼저 근대 국가로 성장했다고요? 12
중국 중국은 어떻게 사회주의 국가가 되었을까요? 14
대만 중국은 왜 대만을 국가로 인정하지 않을까요? 16
홍콩 홍콩이 영국 땅이었다고요? 18
몽골 한때 유럽까지 다스린 대제국이었다고요? 20
우즈베키스탄 우즈베키스탄에 왜 한인들이 많이 살고 있을까요? 22
부탄 부탄에서는 호수에서 수영을 할 수 없다고요? 24
인도 인도는 왜 종교 갈등을 겪었을까요? 26
파키스탄 파키스탄은 왜 인도와 사이가 나쁠까요? 28
네팔 네팔에는 살아 있는 신이 있다고요? 30
베트남 베트남이 미국과 싸워 이겼다고요? 32
캄보디아 국기가 왜 일곱 번이나 바뀌었을까요? 34
미얀마 미얀마 남자들은 모두 스님이 돼야 한다고요? 36
태국 태국에서는 왜 하얀 코끼리를 신성하게 여길까요? 38
필리핀 왜 잘못된 국기 색을 바꾸지 않을까요? 40
인도네시아 세계 최대의 이슬람 국가예요 42
말레이시아 민족이 다양한 만큼이나 축제도 많다고요? 44
싱가포르 이민자들이 세운 나라라고요? 46
브루나이 브루나이는 어떻게 지상 천국이 되었을까요? 48

이란 이란은 마라톤을 싫어한다고요? 50
아랍에미리트 해적 해안이 나라가 되었다고요? 52
아프가니스탄 아프가니스탄 여성들은 왜 온몸을 가리는 옷을 입을까요? 54
사우디아라비아 왜 사우디아라비아를 향해 절을 할까요? 56
이스라엘 2천 년 만에 다시 세운 나라라고요? 58
튀르키예 이스탄불에는 왜 여러 문화가 뒤섞여 있을까요? 60

2장 유럽 나라 여행

프랑스 에펠탑은 왜 세우게 되었을까요? 64
영국 영국은 하나인데, 축구팀은 왜 넷일까요? 66
러시아 러시아가 옛날에는 소련이었다고요? 68
독일 독일도 분단의 아픈 역사가 있다고요? 70
스페인 스페인 사람들은 왜 투우를 좋아할까요? 72
오스트리아 오스트리아가 전쟁에 이겨서 탄생한 크루아상 74
이탈리아 이탈리아는 왜 남북 갈등을 겪고 있을까요? 76
바티칸시국 세계에서 가장 작은 나라는 어디일까요? 78
폴란드 제2차 세계 대전의 동기가 된 나라라고요? 80
포르투갈 후추가 대항해 시대의 막을 열었다고요? 82
그리스 알몸으로 올림픽 경기를 했다고요? 84
스위스 영구 중립국이 뭔가요? 86
덴마크 월급의 절반을 세금으로 낸다고요? 88

네덜란드 네덜란드는 왜 풍차의 나라가 되었을까요? 90
벨기에 벨기에는 벨기에어가 없다고요? 92
핀란드 핀란드에는 부정부패가 없다고요? 94
체코 체코와 슬로바키아가 같은 나라였다고요? 96
헝가리 헝가리 민족의 조상이 아시아에서 왔다고요? 98
루마니아 진짜 드라큘라가 있었다고요? 100
아일랜드 약 800년 만에 영국에서 독립했다고요? 102
모나코 세금을 내지 않아도 되는 나라가 있다고요? 104
아이슬란드 얼음의 나라가 있다고요? 106
그린란드 그린란드가 초록으로 덮인 섬이 아니라고요? 108

3장 아메리카 나라 여행

미국 미국은 누가 세운 나라일까요? 112
캐나다 퀘벡주는 왜 캐나다에서 독립하려고 하나요? 114
멕시코 멕시코인들은 왜 스페인 군대를 반겼을까요? 116
페루 잉카제국의 후손이라고요? 118
에콰도르 그 유명한 갈라파고스 제도가 있는 나라라고요? 120
브라질 브라질에 포르투갈 왕실이 있었다고요? 122
베네수엘라 남미의 영웅이 태어난 나라라고요? 124
아르헨티나 아르헨티나에는 왜 백인이 많이 살고 있을까요? 126
코스타리카 군대 없는 나라가 있다고요? 128
파나마 운하로 먹고사는 나라라고요? 130

4장 아프리카 나라 여행

이집트 스핑크스와 피라미드의 나라 134
남아프리카공화국 아프리카에 왜 백인들이 살고 있을까요? 136
세네갈 세네갈에는 왜 아직 노예의 집이 남아 있을까요? 138
에티오피아 솔로몬 왕의 아들이 세운 나라라고요? 140
케냐 시자를 잡아야 어른이 된다고요? 142
라이베리아 미국에서 해방된 노예들이 세웠다고요? 144
르완다 아프리카에서는 왜 내전이 많이 일어날까요? 146
마다가스카르 아프리카 섬에 아시아인들이 산다고요? 148

5장 태평양 연안 나라 여행

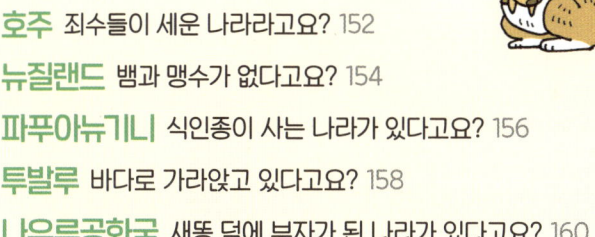

호주 죄수들이 세운 나라라고요? 152
뉴질랜드 뱀과 맹수가 없다고요? 154
파푸아뉴기니 식인종이 사는 나라가 있다고요? 156
투발루 바다로 가라앉고 있다고요? 158
나우루공화국 새똥 덕에 부자가 된 나라가 있다고요? 160

찾아보기 162

1장
아시아 나라 여행

대한민국

세계에서 유일한 분단국가라고요?

○ **대한민국 한눈에 보기**

위치: 아시아 동부
수도: 서울
면적: 약 10만㎢
인구: 약 5,100만 명
언어: 한국어

1945년 8월 15일, 우리나라가 일본의 식민지 지배에서 해방되자 사람들은 새로운 나라를 세우려 했어요.

"한반도에 세워질 나라는 미국 같은 자본주의 국가여야 합니다!"

"무슨 소리! 소련(지금의 러시아)처럼 사회주의 국가가 되어야 해요."

사람들 의견은 둘로 갈렸어요.

그러자 우리나라의 해방을 도와준 미국과 소련의 외무 장관들이 모여 회의를 했어요.

"이제 막 해방을 맞아 혼란스러울 테니, 얼마 동안 우리가 한반도를 대신 다스리면 어떨까요?"

이렇게 해서 우리나라는 남과 북으로 나뉘어 각각 미국과 소련의 간섭을 받게 되었어요. 그러다 1948년 8월 15일에 남쪽에는 '대한민국'이 세워졌고, 같은 해 9월 북쪽에는 '조선민주주의인민공화국'이 세워졌어요.

그런데 1950년에 한국 전쟁이 일어나는 바람에 같은 민족끼리 서로 총부리를 겨누는 큰 비극을 겪었어요. 1953년에 전쟁을 잠시 멈추기로 하고 휴전선을 그었지만, 70여 년이 지난 지금까지 우리 민족은 휴전선을 사이에 두고 대립하고 있어요.

오늘날 대한민국은 세계 경제 대국으로 우뚝 섰으며 드라마, 영화, 노래 등 한국의 대중문화는 전 세계에서 큰 인기를 끌고 있어요. 최근에는 한국 자체를 좋아해 한국어를 배우거나 한국 제품을 사는 사람들도 많아졌고요. 만약 남한과 북한이 서로 사이좋게 지내고 힘을 모은다면 한반도는 더욱 멋지게 거듭날 수 있을 거예요.

일본

아시아에서 제일 먼저 근대 국가로 성장했다고요?

○ 일본 한눈에 보기

위치: 아시아 동부
수도: 도쿄
면적: 약 38만㎢(대한민국의 약 3.8배)
인구: 약 1억 2천만 명
언어: 일본어

1853년, 미국의 페리 제독은 배를 타고 일본에 찾아가 최고 권력자에게 진귀한 물건을 선물하며 이렇게 말했어요.
    "우리 미국인들이 일본에 들어올 수 있게 해 주십시오. 그러면 두 나라가 모두 발전할 수 있습니다."
    "좋소, 당신들과 무역을 하겠소."
    일본은 미국과 조약을 맺은 뒤에 영국, 러시아, 프랑스, 네덜란드와도 조약을 맺고 문을 열었어요. 그러고는 서양 선진국의 기술을 배워 나갔지요.
    근대화를 향해 가던 일본은 1868년에 또 한 번 급격한 변화를 맞이해요. 200년 동안 이어져 내려온 무사 정권이 무너지고 새로운 정부가 들어섰거든요. 이를 '메이지 유신'이라고 해요. 메이지 유신으로 탄생한 일본의 새 정부는 본격적으로 근대화를 추진하며 나라의 힘을 키웠어요.
    그런데 일본은 근대화로 키운 힘을 이용해 한국, 중국, 러시아 등 여러 나라를 침략하며 전쟁을 일으켰어요. 미국이 일본에 원자 폭탄을 떨어뜨린 뒤에야 항복하고 전쟁을 멈추었지요.
    전쟁에서 크게 진 일본은 폐허가 되었지만, 앞선 기술과 우수한 인력을 바탕으로 질 좋은 제품을 만들어 수출하면서 세계적인 경제 대국이 되었어요. 그러나 예전에 식민지로 삼았던 나라들에 정식으로 사과하지 않았고, 피해 보상도 제대로 하지 않고 있어요. 이런 문제들이 잘 해결된다면 일본은 우리나라를 비롯한 세계 여러 나라와 더 좋은 관계를 만들어 갈 수 있을 거예요.

중국

중국은 어떻게 사회주의 국가가 되었을까요?

○ **중국** 한눈에 보기

- 위치 : 아시아 동부
- 수도 : 베이징
- 면적 : 약 960만㎢ (대한민국의 약 96배)
- 인구 : 약 14억 명 (세계 2위)
- 언어 : 중국어

1911년, 300년을 이어 온 청나라 왕조가 무너지자 중국인들은 큰 혼란에 빠졌어요.

"왕과 왕실이 사라졌으니 이제 누가 나라를 다스리지?"

그 뒤로 여러 세력이 서로 다투다가, 1928년에 장제스가 이끄는 국민당이 중화민국 정부를 세웠어요.

"여러분! 국민당이 이끄는 중화민국 정부를 믿고 따라 주십시오."

그러나 마오쩌둥이 이끄는 공산당은 중화민국 정부를 못마땅하게 여겼어요.

"모든 사람이 다 함께 잘 사는 세상을 만들려면 공산당이 나라를 이끌어야 합니다."

그런데 1930년대에 일본이 중국 영토를 침략하자 공산당과 국민당은 잠시 힘을 모으기로 했어요.

"일단 손잡고 우리 나라를 침략한 일본군부터 물리칩시다."

제2차 세계 대전이 끝나 갈 무렵 일본이 항복하자, 국민당과 공산당은 다시 적이 되어 격렬하게 싸웠어요. 치열한 전투를 벌인 끝에 마오쩌둥이 이끄는 공산당이 승리했지요.

내전에서 이긴 공산당은 1949년 10월에 마오쩌둥을 지도자로 뽑고 사회주의 국가인 '중화인민공화국'을 세웠어요. 중화인민공화국을 줄여서 보통 '중국'이라고 해요.

중국은 인구가 많고 땅이 넓어서 풍부한 노동력과 자원을 바탕으로 경제를 빠르게 키워 왔어요. 그래서 세계 여러 나라의 기업들이 중국에 공장을 세우고 물건을 생산했지요. 그 덕분에 중국은 가난을 벗어나 세계에서 중요한 경제 강국이 되었어요.

대만

중국은 왜 대만을 국가로 인정하지 않을까요?

○ **대만(타이완) 한눈에 보기**

위치: 아시아 동부
수도: 타이베이
면적: 약 3만 6천㎢(대한민국의 약 3분의 1)
인구: 약 2,300만 명
언어: 중국어

대만이 생긴 이야기를 하려면 중국을 빼놓을 수 없어요.

1946년, 마오쩌둥이 이끄는 공산당과 장제스가 이끄는 국민당은 정권을 잡으려고 서로 치열하게 맞섰어요. 처음에는 군인 수와 무기가 많은 국민당이 우세했지만, 결국 공산당이 승리했지요.

전쟁에서 진 국민당은 어떻게 됐을까요?

"이대로 중국에 있으면 공산당이 가만두지 않을 겁니다. 한시바삐 다른 곳으로 피해야 합니다."

"중국 땅은 이미 공산당이 거의 다 차지했는데, 어디로 간단 말입니까?"

"남쪽에 있는 타이완섬이라면 안전할 겁니다. 섬이라 쉽게 쳐들어오지 못할 거예요."

국민당은 서둘러 타이완섬으로 건너갔어요. 그러고는 타이베이를 수도로 정하고 '중화민국(대만)'이라는 나라를 세웠지요.

그러나 중국은 대만이 자기 나라의 일부라고 주장하고 있어요. 대만은 그 주장에 강하게 반발하고 있지요. 이 문제와 관련해 국제 사회는 대부분 중국의 견해를 지지하기 때문에 대다수 나라가 대만을 정식 국가로 인정하지 않고 있어요. 하지만 대만은 경제력과 기술력을 바탕으로 여러 나라와 문화적·경제적 교류를 활발히 이어 가고 있답니다.

'타이완'이라고도 불리는 대만은 중국과 뿌리가 같지만 다른 점도 많아요. 중국과 달리 민주주의 국가이며, 일찌감치부터 반도체 같은 첨단 산업에 투자해 놀라운 성과를 거두었어요. 의료, 교통, 복지 또한 높은 수준을 자랑한답니다.

홍콩

홍콩이 영국 땅이었다고요?

○ **홍콩** 한눈에 보기

위치: 중국 남동부
행정 중심지: 센트럴
면적: 약 1,100㎢(제주도의 약 2분의 1)
인구: 약 750만 명
언어: 중국어(광둥어), 영어

19세기 무렵, 영국과 청나라는 활발하게 무역을 했어요. 그러나 영국 상인들은 청나라에 불만이 많았어요.

"우리는 청나라 물건을 엄청 많이 사들이는데 청나라는 우리 물건을 잘 사지 않는군. 무슨 대책을 세워야 할 텐데……."

"인도에서 아편을 가져다 청나라 사람들에게 팔면 큰 이익을 남길 수 있지 않을까?"

"좋은 생각이군! 하지만 아편은 마약이니까 청나라 정부 몰래 파는 게 좋겠어."

영국 상인들은 아편을 팔아 큰돈을 벌었어요.

한편, 청나라 정부는 아편 중독자가 날로 늘어나자 아편 금지령을 내렸어요.

"영국 상인들에게서 아편을 전부 빼앗아 불태워라! 그리고 아편 무역을 철저히 감시하라!"

영국은 이 소식을 듣고 군대를 보내 청나라와 전쟁을 벌였어요. 청나라와 영국이 아편 때문에 싸운 이 전쟁을 '아편 전쟁'이라고 해요.

전쟁에서 이긴 영국은 홍콩섬을 넘겨받는 협정을 맺었는데, 이로써 홍콩은 사실상 영국의 식민지가 된 것과 다름없었어요. 중국은 빼앗겼던 홍콩 땅을 1997년이 되어서야 돌려받았지요.

이처럼 홍콩은 오랫동안 영국 식민지였기 때문에 중국과는 여러모로 달라요. 정치 체제를 비롯해 경제, 화폐 제도, 문화까지도 매우 다르지요. 그래서 중국 정부는 홍콩을 '특별 행정구'로 지정하고 정치, 경제, 법률 등 주요 분야에서 자치권을 주었어요.

몽골

한때 유럽까지 다스린 대제국이었다고요?

○ 몽골 한눈에 보기

- **위치**: 중앙아시아 고원 지대 북부
- **수도**: 울란바토르
- **면적**: 약 157만 ㎢ (대한민국의 약 15.7배)
- **인구**: 약 350만 명
- **언어**: 몽골어

몽골은 사방이 시원하게 뻥 뚫린 초원의 나라예요. 원래 이 초원에는 나라가 따로 없었어요. 그저 부족끼리 모여 가축을 기르며 떠돌아다니는 유목 생활을 했지요.

그런데 1162년 무렵, 이곳에 칭기즈 칸이라는 인물이 태어나면서 몽골의 역사가 시작되었어요.

"나를 따르라! 흩어진 힘을 하나로 모아 거대한 나라를 세우자!"

1202년, 칭기즈 칸은 광활한 초원 여기저기에 흩어져 있던 몽골 부족을 하나로 통일했어요. 그는 거기서 멈추지 않고 점점 더 넓은 땅으로 진출하며 정복 전쟁을 시작했어요.

"우리 몽골군 기병대는 세계 최강이다. 전 세계에 몽골의 용맹함을 보여 주자!"

마침내 몽골은 중국과 러시아 땅은 물론 동유럽까지 휩쓴 거대한 제국이 되었어요.

그러나 몽골제국의 역사는 그리 오래가지 못했어요. 14세기에 들어서면서 왕권이 약해지고 내부에 분열이 생겨 점점 쇠퇴하기 시작했어요. 결국 지금의 몽골 지역만 남게 되었지요.

몽골은 20여 개 종족으로 구성된 다민족 국가로, 정식 국명은 '몽골울루스'예요. 몽골에는 '게르'라는 전통 이동식 집에 머무르며 유목 생활을 하는 유목민이 많아요. 몽골인들은 주로 티베트 불교를 믿고, 고기를 즐겨 먹지만 물고기는 잘 먹지 않는답니다.

우즈베키스탄

우즈베키스탄에 왜 한인들이 많이 살고 있을까요?

우즈베키스탄이라는 나라는 왠지 낯설지 않다.

우리와 생김새도 비슷하고…

음식도 우리가 먹는 것과 비슷하고…

우리가 잘 아는 익숙한 그 노래가 들려온다.
아리랑~아리랑~아라리요~아리랑 고개를 넘어간다~

○ 우즈베키스탄 한눈에 보기

- 위치 : 중앙아시아
- 수도 : 타슈켄트
- 면적 : 약 45만㎢(대한민국의 약 4.5배)
- 인구 : 약 3,700만 명
- 언어 : 우즈베크어

1910년, 일본이 우리나라를 침략해 식민지로 만들자 이 땅을 떠나는 사람들이 생겨났어요.

"일본의 지배를 받으며 살고 싶지 않아!"

"차라리 소련 땅인 사할린이나 연해주로 이사 갑시다."

그런데 1931년에 일본이 중국까지 침략해 만주 사변을 일으키자 소련은 엉뚱한 걱정을 했어요.

"이거 큰일이군! 일본이 우리 소련마저 침략하면 어떡하지? 우리 땅에 살고 있는 한인들이 일본 편에 설지 몰라."

"그렇다면 한인들을 아예 먼 곳으로 이주시켜 버리죠."

"그래! 소련에는 쓸모없는 땅이 많으니 그곳으로 보내 버리자."

그리하여 사할린이나 연해주에 살고 있던 한인 약 17만 명은 소련의 버려진 땅으로 억지로 떠나야 했어요. 그들이 옮겨 간 곳이 바로 지금의 우즈베키스탄이에요. 그래서 오늘날까지 우즈베키스탄에는 강제로 이주한 한인들과 그 후손이 많이 살고 있지요.

우즈베키스탄은 1924년부터 소련의 지배를 받다가 1991년에 소련이 무너지면서 독립한 나라예요. 100개가 넘는 다양한 민족이 함께 살고 있는 다민족 국가이며 천연가스, 석유, 면화 같은 자원이 풍부해요. 또한 중앙아시아에서 가장 큰 제철소가 있는 우즈베키스탄은 점점 더 빠르게 발전하고 있어요.

부탄

부탄에서는 호수에서 수영을 할 수 없다고요?

○ 부탄 한눈에 보기

- **위치**: 아시아 히말라야산맥 동부
- **수도**: 팀푸
- **면적**: 약 4만㎢(대한민국의 약 5분의 2)
- **인구**: 약 79만 명
- **언어**: 종카어, 영어

자연을 사랑하는 김태환 씨는 부탄을 여행하기로 했어요. 그런데 부탄 여행은 처음부터 모든 것이 낯설었어요.

"네? 부탄에 들어가려면 부탄 정부에 1인당 관광세 100달러를 내야 한다고요? 왜 그래야 하죠?"

"관광객 수를 제한하기 위해서예요. 부탄 사람들은 관광객이 너무 많이 찾아오면 자신들의 문화와 전통이 점점 사라지고 자연환경이 파괴된다고 생각한답니다."

김태환 씨는 가이드의 안내를 받으며 부탄 여행을 시작했어요. 그런데 부탄에서는 하면 안 되는 일이 너무 많았어요.

"죄송합니다만, 부탄에서는 담배를 판매하지 않습니다."

"호수에서 수영하면 안 됩니다."

"신들이 산다고 믿는 산에는 함부로 오를 수 없어요."

김태환 씨는 하고 싶은 일을 하지 못해 답답했어요. 그렇지만 어느새 고유한 전통을 지키며 살고자 하는 부탄의 매력에 푹 빠져 즐거운 여행을 할 수 있었어요.

히말라야산맥 동쪽 끝에 자리한 신비의 왕국 부탄은 약 60년 전까지 길도, 학교도, 자동차도, 전기도, 전화도 없는 나라였어요. 외국인이 들어가는 것조차 어려웠지요. 그러다 1971년에 부탄이 국제연합(UN)에 가입하면서 차츰 세상에 알려졌어요.

부탄은 지금도 여전히 경제적 이득이나 발전보다 마음의 평안과 고유 문화의 보존을 더 중요하게 여기는 독특한 나라예요.

인도

인도는 왜 종교 갈등을 겪었을까요?

○ **인도** 한눈에 보기

위치: 아시아 남부
수도: 뉴델리
면적: 약 329만㎢(대한민국의 약 33배)
인구: 약 14억 5천만 명(세계 1위)
언어: 힌디어, 영어

19세기에 영국은 인도를 식민지로 삼았어요. 그리고 인도 사람들이 서로 단결하지 못하게끔 종교를 교묘히 이용했어요.

먼저 힌두교도에게 이렇게 속삭였어요.

"이보게, 인도는 힌두교의 나라야. 그런데 이슬람교도들이 쳐들어와서 무굴제국을 세우지 않았나. 이슬람교도들이 또 무슨 짓을 저지를지 몰라."

반대로 이슬람교도에게는 힌두교도를 조심하라고 경고했어요.

"힌두교도는 수가 많아서 언제든 당신들을 몰아낼 수 있어."

영국의 이간질 때문에 인도 사람들은 단결하지 못하고 계속 영국의 지배를 받았어요.

그런 인도에 마하트마 간디라는 인물이 나타났어요.

"힌두교도와 이슬람교도 모두 한마음이 되어야 합니다. 그래야 영국의 지배를 벗어날 수 있습니다."

간디는 폭력 없이 평화롭게 독립을 쟁취하자고 외쳤으며, 많은 인도 사람들이 그의 뜻에 따랐어요. 그리고 1947년에 인도는 드디어 영국에서 독립할 수 있었지요.

인도는 고대 인더스 문명이 시작된 곳이자 힌두교, 불교, 자이나교, 시크교 같은 여러 종교의 발상지예요. 그래서 인도에는 다양한 종교 문화가 어우러져 있어요.

또한 인도는 요가, 커리, 타지마할처럼 독특한 전통 문화를 자랑하며, IT와 우주 과학 분야에서도 빠르게 성장하고 있어요. 그러나 카스트라는 오랜 신분 제도의 영향이 지금껏 남아서 인도의 성장을 가로막는 문제점으로 지적되곤 한답니다.

파키스탄

파키스탄은 왜 인도와 사이가 나쁠까요?

○ 파키스탄 한눈에 보기

- **위치**: 인도반도 서북부
- **수도**: 이슬라마바드
- **면적**: 약 80만㎢(대한민국의 약 8배)
- **인구**: 약 2억 5천만 명
- **언어**: 우르두어, 펀자브어, 영어

1903년, 영국이 아직 인도를 지배할 때였어요. 영국인들은 인도를 좀 더 쉽게 통치하고 싶었어요.

"인도에는 여러 종교가 있어서 골치 아픈 일이 많이 일어나요."

"그럼 힌두교도가 사는 곳과 이슬람교도가 사는 곳을 분리해서 지배하면 어떨까요?"

"오, 그거 좋은 생각입니다!"

영국은 힌두교도와 이슬람교도가 사는 지역을 나누는 정책을 펼쳤지요.

그 뒤 1947년에 인도가 독립하자 이슬람교도들은 이때가 기회라고 생각했어요.

"우리 이슬람교도끼리 새로운 나라를 세웁시다!"

이렇게 해서 인도와 분리된 나라가 바로 파키스탄이에요.

그런데 인도와 파키스탄은 각각 독립한 뒤에도 종교와 국경 문제 때문에 여러 차례 전쟁을 벌였어요. 전쟁 탓에 많은 사람들이 목숨을 잃거나 고향을 떠나야 했지요. 그래서 인도와 파키스탄은 지금까지도 사이가 좋지 않아요.

파키스탄에는 히말라야산맥, 카라코람산맥, 파미르고원이 만나는 웅장한 산악 지대가 있어요. 이슬람교도가 세운 나라 파키스탄에서는 사람들 대부분이 이슬람 전통 복장을 입으며, 도박과 술과 돼지고기를 멀리한답니다.

네팔

네팔에는 살아 있는 신이 있다고요?

○ 네팔 한눈에 보기

- 위치 : 아시아 히말라야산맥 중앙
- 수도 : 카트만두
- 면적 : 약 15만 ㎢ (대한민국의 약 1.5배)
- 인구 : 약 3천만 명
- 언어 : 네팔어

2000년대 초반, 네팔 법정에 선 어느 인권 변호사가 말했어요.

"재판장님, 오늘 제가 법정에 선 이유는 쿠마리 문화 때문입니다. 인권을 해치는 이 문화는 사라져야 합니다."

쿠마리 문화는 어린 소녀를 여신으로 섬기는 네팔의 오래된 전통이에요.

"쿠마리가 되면 가족과 만날 수 없습니다. 힌두교 사원에 갇혀 감옥살이나 다름없는 생활을 해야 하고, 사원을 찾은 신자들에게 매일 정해진 시간에 얼굴을 보여 줘야 합니다."

변호사는 방청석을 돌아보며 말을 이어 갔어요.

"쿠마리는 학교 교육을 받을 수도 없습니다. 게다가 열두 살 무렵이면 쿠마리 지위를 잃는데, 그 뒤에는 평생을 홀로 살아야 하지요. 이런 문화는 이제 없어져야 합니다."

종교적 신앙이 깊은 네팔 사람들은 오랫동안 쿠마리 문화를 이어 왔어요. 하지만 2000년대 이후로 이를 비판하는 목소리가 높아지면서 점차 변화가 시작됐지요.

쿠마리 문화는 아직 사라지지 않았지만, 사람들의 노력 덕분에 지금은 쿠마리의 인권과 기본권이 크게 향상했답니다.

네팔은 히말라야산맥을 따라 자리 잡은 나라로 125개의 다양한 민족이 함께 살아가요. 약 2천 년 전부터 여러 왕조가 나라를 다스렸는데, 2007년에 왕이 물러나고 그 이듬해부터 선거를 통해 대통령을 뽑게 됐어요. 네팔에는 세계에서 가장 높은 에베레스트산을 비롯해 해발 8,000미터를 훌쩍 넘는 높은 산이 많아요.

베트남

베트남이 미국과 싸워 이겼다고요?

○ **베트남** 한눈에 보기

- **위치** : 인도차이나반도 동부
- **수도** : 하노이
- **면적** : 약 34만㎢(대한민국의 약 3.4배)
- **인구** : 약 1억 명
- **언어** : 베트남어

1954년, 베트남은 사회주의를 지지하는 북베트남과 자본주의를 지지하는 남베트남으로 갈라져 서로 대립했어요. 그러다 1964년에 남베트남이 북베트남을 공격하며 전쟁이 벌어졌는데, 이때 미국은 남베트남을 편들며 전쟁에 끼어들었어요.

"우리 미국은 베트남이 사회주의 국가가 되는 걸 원치 않습니다. 그래서 남베트남을 지원합니다."

사람들은 강대국인 미국이 당연히 전쟁에서 이길 거라고 생각했어요. 그러나 전쟁은 쉽게 끝나지 않았어요. 미군은 북베트남 공산당을 '베트콩'이라고 불렀는데, 베트콩은 땅굴을 이용해서 귀신같이 나타났다 사라지곤 했지요. 미군은 점점 큰 피해를 입었어요.

그러자 미국에서 전쟁을 반대하는 목소리가 높아졌어요.

"왜 남의 나라 전쟁에서 우리 국민들이 목숨을 잃어야 하는가?"

"미국 정부는 하루빨리 베트남 전쟁을 끝내라!"

이런 여론에 밀려 미국은 베트남에서 철수했고, 전쟁은 1975년에 북베트남의 승리로 끝났어요. 곧이어 베트남은 하나로 통일되어 '베트남사회주의공화국'이 세워졌지요.

현재 베트남은 사회주의 국가이지만 세계 여러 나라와 외교 관계를 맺고 무역도 활발하게 하고 있어요. 특히 세계 3위의 쌀 수출국이며 커피는 브라질 다음으로 가장 많이 수출해요. 또한 아름다운 자연환경과 풍부한 문화유산이 있어 해마다 수많은 관광객이 찾는 나라랍니다.

캄보디아

국기가 왜 일곱 번이나 바뀌었을까요?

○ 캄보디아 한눈에 보기

위치: 동남아시아 인도차이나반도 남서부
수도: 프놈펜
면적: 약 18만㎢ (대한민국의 약 2배)
인구: 약 1,700만 명
언어: 크메르어

한 나라의 국기는 보통 잘 바뀌지 않아요. 그런데 캄보디아 국기는 무려 일곱 번이나 바뀌었어요. 왜 그랬을까요?

1863년, 캄보디아는 프랑스의 보호를 받는 대신 식민지가 되기로 했어요.

"이웃 나라들이 끊임없이 침략해서 도저히 못 견디겠소. 앞으로 프랑스의 식민지가 되겠으니 우리 나라를 지켜 주시오."

이때 처음으로 캄보디아 국기가 생겼는데, 중앙에 앙코르 와트가 그려져 있었어요.

그 뒤 1953년에 프랑스에서 독립해 '크메르공화국'이라는 나라를 세웠을 때는 크메르공화국 국기를 사용했어요. 1975년에 공산당이 혁명을 일으킬 무렵에는 또 다른 국기를 사용했고요.

4년 후 공산당 정권이 베트남에 의해 무너지자 캄보디아 사람들은 자기들끼리 싸움을 벌였어요. 이 싸움이 너무 심각해지면서 한때 국제 연합이 캄보디아를 다스렸는데, 이때는 국제 연합 국기와 캄보디아 국기를 동시에 사용했지요.

1993년, 캄보디아는 다시 왕이 다스리는 나라가 되었어요. 나라 이름도 예전처럼 캄보디아왕국으로 바꾸고, 국기도 처음에 사용하던 국기와 비슷하게 바꾸었어요. 이처럼 캄보디아 국기는 정권이 바뀔 때마다 달라졌답니다.

<u>캄보디아는 풍부한 문화유산 덕분에 국가 수입에서 관광 산업이 차지하는 비중이 커요. 캄보디아의 문화유산 가운데 가장 유명한 앙코르 와트 유적은 캄보디아를 상징하는 종교 건축물로, 국기 한가운데에 새겨져 있어요.</u>

미얀마

미얀마 남자들은 모두 스님이 돼야 한다고요?

○ 미얀마 한눈에 보기

위치: 동남아시아 인도차이나반도 서북부
수도: 네피도
면적: 약 68만㎢ (대한민국의 약 7배)
인구: 약 5,400만 명
언어: 버마어

"아빠, 저 형들은 왜 머리를 빡빡 밀어요?"

이제 막 초등학교에 입학한 통리가 아빠에게 물었어요.

"아, 저건 출가를 위한 '신쀼'라는 의식이야. 미얀마 남자들은 성인이 되기 전에 누구나 한 번쯤 절에서 스님 생활을 해야 한단다."

"스님 생활은 얼마나 해야 하는데요?"

"보통 3개월 정도야. 짧게는 일주일, 길게는 일 년 동안 하기도 해."

미얀마의 출가 제도는 법으로 정해져 있지는 않아요. 그렇지만 미얀마 사람들은 어른이 되기 위해 꼭 거쳐야 하는 의식이라고 생각하지요. 그래서 때가 되면 누가 시키지 않아도 머리를 빡빡 깎고 절로 들어가요. 미얀마에서는 신쀼를 하지 않으면 취직이나 결혼도 하기 힘들답니다.

이처럼 독특한 풍습을 이어 오고 있는 미얀마는 오랫동안 영국의 식민지였다가 독립하여 '버마'라는 나라를 세웠어요. 그러다 1989년에 군사 정권이 들어서면서 나라 이름을 '미얀마'로 바꿨지요.

그 뒤로 몇십 년 동안 군사 정권의 통치를 받던 미얀마 국민들은 자유를 얻기 위해 2007년에 대규모 시위를 벌였어요. 그 결과, 2010년에 미얀마는 '미얀마연방공화국'을 선포했고 군사 정권은 민간에 정권을 넘겨주기로 약속했어요. 그러나 그 약속은 오래가지 못했어요. 2021년에 군부가 다시 쿠데타를 일으키면서 미얀마는 또다시 혼란에 빠지고 말았어요.

태국

태국에서는 왜 하얀 코끼리를 신성하게 여길까요?

○ 태국(타이) 한눈에 보기

- **위치**: 동남아시아 인도차이나반도 중앙
- **수도**: 방콕
- **면적**: 약 51만㎢ (대한민국의 약 5배)
- **인구**: 7,100만 명
- **언어**: 타이어

"요즘 길거리에 떠도는 개들이 너무 많아서 여러 가지 문제가 생기고 있습니다. 만약 그 개들이 모두 새끼를 낳는다면 거리가 온통 개로 가득 찰 겁니다."

어느 날, 태국 국회 의원들이 유기견 문제를 해결하기 위해 회의를 열었어요.

"주인 없는 개라고 해서 함부로 다룰 수는 없습니다."

"그럼 더는 새끼를 낳지 못하게 수술을 해 주면 어떨까요?"

"그거참, 좋은 생각입니다. 수술한 개한테는 목에 빨간 리본을 달아 줍시다."

그런데 왜 태국 사람들은 수술까지 해 주면서 유기견을 보살피는 걸까요?

그 이유는 태국 사람들 대부분이 불교를 믿기 때문이에요. 불교에서는 사람이 죽으면 동물로 다시 태어날 수 있다고 믿어요. 그래서 동물을 소중히 생각하는 거예요.

이런 태국 사람들이 특별히 신성하게 여기는 동물이 있어요. 바로 하얀 코끼리예요. 하얀 코끼리가 부처님의 탄생과 국가의 번영을 상징하기 때문에 아주 귀하게 여긴답니다.

불교 국가인 태국에는 4만여 개의 사원이 있어요. 화려하고 정교한 사원들은 태국을 대표하는 문화유산이에요. 또한 개발되지 않은 광활한 밀림과 아름다운 자연 경관이 많은 관광객을 끌어들이지요. 관광업은 태국의 주요 산업 중 하나예요.

태국의 정식 국가 이름은 '타이왕국'이고 국제적으로는 '타이'라고 하지만, 우리나라에서는 '태국'이라는 이름이 더 널리 쓰여요.

필리핀

왜 잘못된 국기 색을 바꾸지 않을까요?

○ 필리핀 한눈에 보기

위치 : 동남아시아
수도 : 마닐라
면적 : 약 30만㎢ (대한민국의 약 3배)
인구 : 약 1억 1,600만 명
언어 : 타갈로그어, 영어

필리핀 국기의 청색은 본래 연한 청색이었어요. 그런데 지금은 진한 청색을 쓰고 있어요. 왜 그럴까요?

1898년, 필리핀은 스페인의 지배를 받고 있었어요. 그런데 그 무렵 스페인과 전쟁을 벌인 미국이 필리핀에 이렇게 약속했어요.

"미국이 전쟁에서 이기면 필리핀을 독립시켜 주겠소."

기뻐한 필리핀 사람들은 미리 국기를 만들었어요.

그러나 미국은 전쟁에서 이기자 약속을 어기고 필리핀을 식민지로 삼고는 필리핀 국기조차 내걸지 못하게 했어요. 그러다 1920년 무렵에 미국이 한발 물러섰어요.

"미국 성조기와 함께 게양한다는 조건으로 필리핀 국기를 허락하겠소."

그러자 독립을 간절히 원하던 필리핀 국민은 너도나도 국기를 샀지요. 그런데 문제가 생겼어요.

"국기가 잘 팔려서 좋긴 한데, 국기에 들어가는 연한 청색 천이 동나서 구할 수가 없으니 어떡한담?"

"일단 성조기를 만들 때 사용하는 진한 청색 천을 씁시다!"

이렇게 해서 필리핀 국기에 진한 청색을 쓰게 됐는데, 시간이 지나도 원래 색으로 되돌리지 못한 채 지금껏 그대로 쓰고 있답니다.

필리핀은 약 7,600여 개의 섬으로 이루어진 섬나라예요. 그중 사람들이 사는 섬은 약 2,000개인데, 섬마다 생활 방식과 언어가 크게 달라 필리핀 사람들끼리도 통역이 필요할 때가 있다고 해요.

인도네시아

세계 최대의 이슬람 국가예요

○ **인도네시아** 한눈에 보기

- **위치**: 동남아시아
- **수도**: 자카르타
- **면적**: 약 190만㎢(대한민국의 약 19배)
- **인구**: 약 2억 8천만 명
- **언어**: 인도네시아어

7세기, 배를 타고 세계 여러 나라로 갈 수 있는 해상 교역로가 생겼을 때 일이에요. 아라비아와 인도 상인들은 교역을 하기 좋은 장소를 찾았는데, 바로 인도네시아의 수마트라섬이었어요.

"이제 서아시아를 거쳐 인도, 동남아시아, 중국까지 가서 무역을 할 수 있게 됐어!"

이때부터 인도네시아에는 다른 나라 상인들의 발길이 끊이지 않았어요.

본래 인도네시아 사람들은 힌두교와 불교를 믿었어요. 그런데 아라비아 상인들의 영향을 받아 서서히 이슬람교를 받아들였고, 지금은 세계 최대의 이슬람 국가가 되었답니다.

그렇지만 서아시아와 달리 인도네시아의 이슬람교는 율법보다 관용성과 다양성을 중요하게 여긴답니다. 국민 대다수가 이슬람교도이지만 대대로 믿어 온 불교와 힌두교의 영향을 여전히 받고 있어요.

인도네시아 헌법은 6대 종교(기독교, 로마 가톨릭, 불교, 유교, 힌두교, 이슬람교)를 모두 인정해요. 다만 인도네시아에서는 종교가 없는 사람은 공산주의자라고 의심하기 때문에, 신분증에 반드시 종교를 표시해야 해요.

인도네시아는 무려 1만 7,000여 개의 섬으로 이루어진 섬나라예요. 그중 자바섬에 인도네시아 인구의 절반이 살고 있으며, 보르네오섬의 밀림에는 오랑우탄을 비롯한 다양한 생물들이 서식해요.

말레이시아

민족이 다양한 만큼이나 축제도 많다고요?

○ 말레이시아 한눈에 보기

위치: 동남아시아 말레이반도
수도: 쿠알라룸푸르
면적: 약 33만㎢ (대한민국의 약 3.3배)
인구: 약 3,500만 명
언어: 말레이어, 영어, 중국어, 타밀어

말레이시아는 말레이인, 중국인, 인도인, 유럽인 등 여러 민족이 함께 어울려 사는 나라예요. 그래서 이슬람교 축제인 라마단, 중국 축제인 춘절, 인도 축제인 타이푸삼을 비롯해 정말 다양한 축제가 열리지요.

그중에서 타이푸삼은 워낙 독특하기 때문에 여러 나라 기자들이 찾아와 취재 경쟁을 벌이곤 해요.

"타이푸삼 축제는 사흘에 걸쳐 치르는데, 오늘은 축제의 절정인 셋째 날입니다."

기자가 사원으로 올라오고 있는 수백 명의 사람들을 가리키며 소리쳤어요.

"보십시오. 축제에 참가한 지원자들이 스스로 아픔을 견뎌 내는 의식을 치르고 있습니다. 가느다란 쇠꼬챙이를 등, 혀, 뺨 등에 꿰고 '카바디'를 끌며 사원 안으로 들어오고 있습니다. 카바디는 삶에 주어진 짐을 상징하는 물건인데, 이것을 짊어지고 계단을 오르는 동안 고통을 이겨 내면 지은 죄를 다 씻을 수 있다고 믿는답니다."

말레이시아는 다양한 문화와 종교, 언어가 함께 어우러진 다민족 국가예요. 말레이시아 사람들은 자기들만의 전통 문화를 지켜 가는 동시에 다른 민족의 문화도 인정해 주고 있어요. 그래서 국교는 이슬람교이지만 기독교, 힌두교, 불교의 주요 기념일까지 모두 공휴일로 정해 모든 민족이 함께 축하하며 살아간답니다.

싱가포르
이민자들이 세운 나라라고요?

○ 싱가포르 한눈에 보기

위치 : 동남아시아
수도 : 싱가포르
면적 : 약 730㎢ (서울보다 약간 넓음)
인구 : 약 580만 명
언어 : 영어, 중국어, 말레이어, 타밀어

19세기에 영국이 싱가포르를 차지했을 때 일이에요.

"싱가포르는 지리적으로 동양과 서양을 연결하는 곳이야. 이 섬을 무역항으로 건설하면 큰돈을 벌 수 있겠어!"

그런데 당시 싱가포르에는 일할 수 있는 인구가 너무 적었어요.

"일손이 부족해서 무역항을 운영하기 어렵겠어요."

"이민 정책을 적극적으로 추진하면 어떨까요?"

"좋은 생각이긴 한데, 여러 민족이 함께 섞여 살면 갈등이 생기지 않을까요?"

"그렇다면 같은 민족끼리 따로 모여 살게 합시다."

이렇게 해서 이민을 온 사람들이 지금의 싱가포르를 세웠어요.

현재 싱가포르 인구의 70퍼센트는 중국계가 차지하고 있어요. 그 밖에 말레이인, 인도인, 태국인, 영국인 등 여러 민족이 함께 살고 있지요.

싱가포르로 이민 온 사람들은 처음에는 자기 민족끼리 살며 다른 민족과 교류하지 않았어요. 그러나 1965년에 싱가포르가 영국에서 독립한 뒤로는 다양한 민족이 조화를 이루며 살아가고 있지요.

싱가포르는 인구와 자원이 풍부하지 않기 때문에 주로 중계 무역과 금융업으로 나라 살림을 꾸려 가고 있어요. 경제가 눈부시게 성장한 덕분에 지금은 국민 소득이 높은 나라가 되었답니다.

브루나이

브루나이는 어떻게 지상 천국이 되었을까요?

○ 브루나이 한눈에 보기

- **위치**: 동남아시아 보르네오섬 북쪽
- **수도**: 반다르스리브가완
- **면적**: 약 5,800㎢(경기도의 약 2분의 1)
- **인구**: 약 46만 명
- **언어**: 말레이어, 영어, 중국어

브루나이 왕은 돈을 아주 물 쓰듯이 하는 사람이에요.

"돈 걱정은 하지 말고 무조건 호화롭게 궁전을 지어라."

궁전을 짓는 데 우리 돈으로 무려 2조 원 정도가 들어갔다고 해요. 국왕이 타고 다니는 전용 비행기 안에는 금으로 만든 욕실까지 딸려 있고요.

그렇다면 브루나이 국민들 생활은 어떨까요?

"우리 브루나이는 지상 천국이야. 병원비도 공짜, 교육비도 공짜. 게다가 노인이 되면 연금을 받을 수 있지!"

브루나이 국민들은 대부분 정원이 딸린 넓은 집에 살며, 집집마다 자동차를 두세 대씩 가지고 있어요. 브루나이 국민들이 이렇게 부유하게 살 수 있는 건 석유와 천연가스 덕분이에요. 인구에 견주어 자원이 넘쳐나기 때문이지요.

브루나이는 본래 한반도보다 더 큰 나라였어요. 그런데 포르투갈, 영국, 네덜란드 등 유럽 강대국들이 침략한 탓에 영토가 50분의 1로 줄어들었어요.

브루나이는 1888년에 영국의 보호령이 되었다가 1984년에 독립했어요. 지리적으로 말레이시아와 국경을 맞대고 있으며, 국민은 말레이인 70퍼센트, 중국인 10퍼센트, 소수 민족 20퍼센트 정도로 구성되어 있어요. 정식 나라 이름은 '브루나이다루살람'으로 '평화가 깃든 곳'이라는 뜻이에요.

이란

이란은 마라톤을 싫어한다고요?

○이란 한눈에 보기

- **위치**: 서남아시아 페르시아만 연안
- **수도**: 테헤란
- **면적**: 약 165만㎢ (대한민국의 약 16.5배)
- **인구**: 약 9천만 명
- **언어**: 페르시아어

페르시아제국(이란의 옛 이름)은 기원전 6세기 초에 세워진 나라로, 힘이 아주 강했어요. 그래서 주변에 있는 거의 모든 나라들이 해마다 조공을 바쳤는데, 그리스는 조공을 바치지 않았어요.

그러자 페르시아가 경고했어요.

"그리스는 무조건 항복하고 조공을 바쳐라!"

하지만 그리스가 끝까지 거부하자 페르시아는 전쟁을 벌였어요.

"우리에게 무릎을 꿇지 않다니! 그리스를 정복하고야 말겠다."

페르시아 대군이 아테네의 마라톤 평야 근처까지 쳐들어오자 그리스 군인들은 죽음을 각오하고 용감하게 싸웠어요. 놀랍게도 이 싸움에서 그리스는 크게 승리했지요.

그리스가 이겼다는 소식을 전하고자 아테네까지 한걸음에 달려간 그리스 병사는 "이겼다!"라는 한마디를 남긴 채 숨을 거두었어요. 훗날 이 병사를 기리기 위해 생긴 경기가 바로 '마라톤'이에요.

이런 역사 때문에 마라톤이 이란 사람들에게는 조금 아픈 기억일 수도 있어요. 그래서 '이란은 마라톤을 싫어한다'는 소문까지 있지요. 그러나 사실 이란은 국제 마라톤 대회와 올림픽 마라톤에 꾸준히 참가하고 있답니다. 단지 종교적인 이유나 다른 나라와의 갈등 때문에 불참하는 경우가 많았을 뿐이지요.

나라 이름이 페르시아에서 이란으로 바뀐 것은 1935년이에요. 이란은 석유 자원이 풍부하며, 한 올 한 올 사람이 직접 짠 아름다운 카펫이 유명해요.

아랍에미리트

해적 해안이 나라가 되었다고요?

○ **아랍에미리트** 한눈에 보기

- 위치 : 아라비아반도 동부
- 수도 : 아부다비
- 면적 : 약 8만㎢(대한민국의 약 5분의 4)
- 인구 : 약 1,100만 명
- 언어 : 아랍어

19세기 초에 아랍에미리트 지역은 '해적 해안'이라고 불렸어요. 유럽의 배들이 근처를 지나가다가 이 지역 부족들에게 자주 습격당했거든요.

그러던 어느 날, 영국 배가 습격을 받자 영국 왕은 펄쩍 뛰었어요.

"감히 우리 대영제국의 배를 습격하다니! 당장 해적 해안을 쳐라!"

결국 해적 해안은 영국에 점령당하고 영국의 보호령이 됐어요.

1960년대에 이르러 영국이 물러나기로 하자 그 지역을 다스리던 우두머리들은 서둘러 회의를 열었어요.

"영국이 떠났으니 독립하여 각 부족마다 나라를 세웁시다."

"하지만 각 나라가 워낙 작아서 독립을 하더라도 살아남기 힘들 겁니다."

"그렇다면 모두 힘을 합쳐 연방을 만드는 게 어떨까요?"

이렇게 해서 아부다비, 두바이, 앗샤리카, 라스알카이마, 아지만, 알푸자이라, 움알카이와인의 일곱 나라가 힘을 모아 '아랍에미리트연방'을 세웠어요.

아랍에미리트의 대통령은 국민이 선거로 뽑지 않고 일곱 나라 지도자들이 결정해요. 지금까지는 늘 아부다비의 수장이 대통령이 되었고, 두바이의 수장이 부통령 겸 총리를 맡고 있지요.

아부다비는 석유가 풍부하고, 두바이는 무역과 관광이 발달한 도시예요. 특히 아부다비는 연방 정부 예산의 약 80퍼센트를 부담할 정도로 경제력이 커서 계속 대통령직을 맡고 있답니다.

아프가니스탄

아프가니스탄 여성들은 왜 온몸을 가리는 옷을 입을까요?

○ 아프가니스탄 한눈에 보기

- 위치: 서남아시아
- 수도: 카불
- 면적: 약 65만㎢(대한민국의 약 6.5배)
- 인구: 약 4,200만 명
- 언어: 파슈토어, 다리어

1996년, 아프가니스탄에서 정권을 잡은 탈레반은 여성들의 복장을 강력히 규제했어요. 탈레반은 엄격한 이슬람 규율을 강조하는 무리예요.

　"이제부터 아프가니스탄의 모든 여성은 부르카를 입어야 한다. 만약 명령을 어기면 엄하게 처벌하겠다."

　전통적으로 이슬람 여성들은 몸을 가리는 옷을 입어요. 튀니지나 시리아처럼 비교적 개방된 나라에서는 머리에 스카프처럼 두르는 '히잡'을 쓰는데, 탈레반은 머리끝부터 발끝까지 천으로 덮는 '부르카'를 입으라고 한 거예요.

　갑작스러운 명령에 미처 부르카를 준비하지 못한 여성들은 당황했지만 탈레반은 막무가내였어요.

　"부르카를 입지 않으면 절대 집 밖으로 나올 수 없다!"

　얼마 뒤, 탈레반은 또 다른 충격적인 명령을 내렸어요.

　"여학교는 문을 닫아야 한다. 여성은 교육받을 필요가 없다."

　그래서 외출도 마음대로 하지 못하고 교육도 받을 수 없게 된 아프가니스탄 여성들은 경제 활동도 할 수 없었어요.

　그러다 2001년에 미국이 개입하여 탈레반 정권이 무너지자 아프가니스탄 여성들은 자유를 되찾았어요. 여성들은 부르카를 벗을 수 있었고, 교육과 사회 활동에도 제한이 없어졌지요.

　그러나 자유는 그리 오래가지 않았어요. 2021년에 탈레반이 다시 집권하며 여성에 대한 엄격한 규제가 되살아났기 때문이에요. 그리하여 아프가니스탄은 세계에서 여성 차별이 가장 심한 나라가 되고 말았답니다.

사우디아라비아

왜 사우디아라비아를 향해 절을 할까요?

○ **사우디아라비아** 한눈에 보기

위치: 서남아시아 아라비아반도
수도: 리야드
면적: 약 220만㎢ (대한민국의 약 22배)
인구: 약 3,400만 명
언어: 아랍어

이슬람교를 믿는 사람이라면 평생에 한 번은 사우디아라비아의 메카를 찾아야 해요. 이슬람교를 일으킨 무함마드가 메카에서 태어났기 때문이지요.

현재 이슬람교도는 전 세계 100개국이 넘는 나라에 살고 있으며, 그 수가 20억 명이나 돼요. 이슬람교도는 해마다 성지 순례 기간에 메카로 몰려들지요.

그래서 사우디아라비아 정부는 회의를 열었어요.

"성지 순례 기간은 일주일 남짓인데, 그 짧은 기간에 너무 많은 사람들이 몰려듭니다."

"맞아요. 그 바람에 사람이 깔려 죽는 사고까지 일어났잖아요."

"다시는 그런 사고가 일어나지 않게 대책을 마련해야 합니다."

"각 나라별 방문객 수를 제한하면 어떨까요?"

마침내 사우디아라비아는 나라별로 성지 방문자 수를 제한하기로 했어요. 그러나 방문자 수를 제한해도 해마다 수백만 명에 이르는 이슬람교도가 메카를 찾는답니다.

사막으로 둘러싸인 사우디아라비아는 농사지을 땅이 부족해 식료품의 70퍼센트 정도를 다른 나라에서 수입해요. 그러나 석유 매장량이 전 세계의 17퍼센트를 차지하기 때문에 세계에서 손꼽히는 부자 나라에 속하지요.

이스라엘

2천 년 만에 다시 세운 나라라고요?

○이스라엘 한눈에 보기

위치: 서아시아 지중해 동남방
수도: 예루살렘
면적: 약 2만㎢(대한민국의 약 5분의 1)
인구: 약 930만 명
언어: 히브리어, 아랍어

1세기 무렵, 로마제국의 지배를 받던 유대 민족은 나라를 잃고 전 세계 각지로 뿔뿔이 흩어졌어요.

"비록 지금은 살 곳을 빼앗겼지만 언젠가는 잃어버린 우리 영토를 반드시 되찾고야 말겠어."

흩어진 유대인들은 새로운 곳에 터를 잡고 살아가면서도 늘 고향 땅을 그리워했어요.

어느덧 2천 년이라는 세월이 흘러 제1차 세계 대전이 한창이던 1917년, 유대인 지도자들이 영국과 협상을 벌였어요.

"우리가 전쟁 비용을 대 주겠소. 대신 전쟁이 끝나면 2천 년 전에 잃어버린 우리 영토를 되찾을 수 있게 도와주시오."

"좋소. 그렇게 합시다."

전쟁이 끝나자 유대인들은 당시 영국이 지배하고 있던 유대왕국의 옛 영토, 그러니까 지금의 팔레스타인 땅으로 모여들었어요. 그러고는 1948년, 그곳에 '이스라엘'이라는 나라를 세웠어요.

팔레스타인 사람들에게는 마른하늘에 날벼락 같은 일이었지요.

"여기는 우리 땅이야. 갑자기 나타나서 땅을 내놓으라니!"

그러나 이스라엘 사람들은 팔레스타인 사람들의 말을 무시했어요.

"이제 여기는 이스라엘 땅이니 당신들은 가자 지구에서만 살아."

이 때문에 이스라엘과 팔레스타인 사이에는 아직까지 무력 충돌이 이어지고 있어요.

이스라엘은 세계에서 유일한 유대교 국가예요. 유대교인들은 안식일을 꼭 지켜요. 안식일은 금요일 일몰에서 토요일 일몰까지로, 아무 일도 하지 않고 기도와 예배만 하며 지내는 날이에요.

튀르키예

이스탄불에는 왜 여러 문화가 뒤섞여 있을까요?

○ 튀르키예 한눈에 보기

위치: 아시아 서쪽 끝
수도: 앙카라
면적: 약 78만㎢(대한민국의 약 8배)
인구: 8,700만 명
언어: 튀르키예어

324년, 기독교 신자인 로마제국의 황제 콘스탄티누스 1세가 중대한 발표를 했어요.

"새로운 수도를 건설하겠노라!"

콘스탄티누스 1세는 비잔티움을 새로운 수도로 정하고, 도시 곳곳에 기독교와 관련된 건축물을 세웠어요. 그 뒤 비잔티움은 콘스탄티노플로 이름이 바뀌었지만 동로마제국의 수도로서 천 년 동안 명성을 이어 갔지요.

그러나 1453년, 동로마제국은 이슬람교를 믿는 오스만제국에 멸망했어요.

오스만제국의 황제는 콘스탄티노플이 마음에 쏙 들었어요.

"여기에 오스만제국의 수도를 건설하겠노라!"

"폐하, 도시 곳곳에 기독교의 흔적이 많은데 어떡할까요?"

"그게 무슨 문제냐? 도시 이름을 이스탄불로 바꾸고 성당을 이슬람 사원으로 사용하면 되지."

그리하여 튀르키예를 대표하는 도시 이스탄불에는 기독교 문화와 이슬람 문화가 뒤섞인 건축물이 많이 생겨났어요.

<u>오스만제국의 후예들이 세운 튀르키예는 유럽과 아시아 두 대륙에 걸쳐 있어요. 튀르키예를 유럽 국가라고 봐야 할지 아시아 국가로 봐야 할지를 두고는 논란이 많아요. 튀르키예의 국가명은 본래 '터키'였는데, 2022년에 '튀르크인의 땅'이라는 뜻이 담긴 '튀르키예'로 바꾸었어요.</u>

그린란드

아이슬란드

아일랜드

영국

켈트해

프랑스

스페인
포르투갈

2장
유럽 나라 여행

프랑스

에펠탑은 왜 세우게 되었을까요?

○ 프랑스 한눈에 보기

- **위치**: 유럽 서부
- **수도**: 파리
- **면적**: 약 67만㎢(대한민국의 약 6.7배)
- **인구**: 약 6,600만 명
- **언어**: 프랑스어

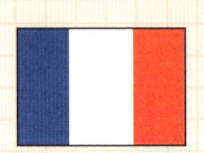

18세기 프랑스의 왕 루이 16세와 왕비 마리 앙투아네트는 사치스러운 생활에 빠져 백성들의 고통을 외면했어요. 그러자 분노한 백성들이 들고일어났어요.

이때 마리 앙투아네트가 신하에게 물었어요.

"백성들이 도대체 왜 저렇게 난리를 치나요?"

"왕비 마마, 백성들은 빵이 없어서 들고일어났습니다."

"빵이 없으면 과자를 먹으면 되지, 이해할 수 없네요."

마리 앙투아네트가 실제로 이렇게 말했는지는 알 수 없지만, 이런 이야기가 나올 만큼 왕실이 백성들의 사정에 관심이 없었던 건 사실일 듯해요.

결국 1789년에 프랑스 대혁명이 일어났지요.

"왕과 왕비를 처형하고 새로운 나라를 세우자!"

성난 시민들이 자유·평등·박애를 외치며 혁명을 일으켰고, 그 결과 프랑스는 공화국이 되었어요. 공화국이란 주권이 국민에게 있는 나라를 말해요.

프랑스를 상징하는 에펠탑은 바로 프랑스 대혁명 100주년을 기념하기 위해 세운 탑이랍니다.

프랑스는 음식 문화가 발달한 나라예요. 프랑스인들은 포도주를 좋아해서 포도와 포도주 생산량이 세계적인 수준을 자랑하지요. 또한 패션과 향수 산업이 발달했으며, 수도 파리는 세계 문화와 예술의 중심 도시로 사랑받고 있어요.

영국

영국은 하나인데, 축구팀은 왜 넷일까요?

○ **영국** 한눈에 보기

위치: 유럽 서쪽 북대서양
수도: 런던
면적: 약 24만㎢ (대한민국의 약 2.4배)
인구: 약 6,900만 명
언어: 영어

영국은 여러 민족이 모여서 만든 나라예요. 잉글랜드, 웨일스, 스코틀랜드, 북아일랜드는 전통과 문화가 제각기 다르지만, 서로 힘을 합쳐 영국이라는 연합 국가를 세웠지요.

대부분의 국제 스포츠 대회에는 '영국'이라는 이름으로 단일팀이 출전해요. 그러나 월드컵에만큼은 잉글랜드, 웨일스, 스코틀랜드, 북아일랜드가 각각 따로 출전하지요. 왜 그럴까요?

그 까닭은 국제 축구 연맹이 처음 설립된 1904년으로 거슬러 올라가요. 각 나라 대표 팀이 국제 축구 연맹에 가입하고 경기에 참가했지만 영국은 연맹에 가입하지 않았어요.

"우리 영국은 축구를 처음 시작한 나라예요. 오래전부터 잉글랜드, 웨일스, 스코틀랜드, 북아일랜드 이 네 지역이 독자적으로 축구 협회를 운영해 왔죠. 각 지역마다 자기만의 축구 역사와 자부심이 있기 때문에 월드컵 경기에도 따로 출전하고 싶습니다."

이런 이유로 지금까지 영국의 네 지역은 월드컵에 따로따로 참가하는 거예요.

영국은 세계에서 가장 먼저 산업 혁명을 일으켜 근대화를 이루었어요. 이를 바탕으로 전 세계 곳곳에 식민지를 세우고 큰 영향력을 행사했지요.

미국, 인도, 호주, 뉴질랜드 등 무려 50여 개 나라가 한때 영국의 식민지였어요. 지구 어느 곳에든 해가 떠 있는 영토가 있다는 뜻에서 영국은 '해가 지지 않는 나라'라고 불렸답니다.

러시아

러시아가 옛날에는 소련이었다고요?

○ **러시아** 한눈에 보기

위치: 유럽 동부
수도: 모스크바
면적: 1,700만㎢ (대한민국의 약 170배, 세계 1위)
인구: 약 1억 4천만 명
언어: 러시아어

1905년, 러시아 백성들이 궁전 앞으로 몰려가 외쳤어요.

"전쟁은 이제 그만! 황제는 백성들을 위한 정치를 해라."

하지만 황제는 제1차 세계 대전이 터지자 또 전쟁에 참여했어요. 그러자 1917년에 러시아 백성들은 레닌의 지휘 아래 10월 혁명을 일으켰어요.

"전쟁만 하는 황제와 귀족은 물러나라! 노동자와 농민이 주인 되는 세상을 만들자!"

10월 혁명이 성공하여 1922년에 러시아는 '소비에트사회주의공화국연방(줄여서 '소련'이라고 해요)'으로 바뀌면서 세계 최초로 사회주의 국가가 되었어요. 그러나 레닌이 죽은 뒤에 권력을 잡은 스탈린은 예전 황제보다도 더 무지막지한 공포 정치를 펼쳤어요.

그 뒤로 70여 년 동안 소련 사람들은 공산당의 눈치를 보며 힘들게 살아야 했어요. 그런데 1990년에 소련 대통령이 된 고르바초프는 소련을 근본적으로 바꿔야 한다고 주장했어요.

"이제는 바뀌어야 합니다. 개혁과 개방 정책만이 살길입니다!"

그러나 고르바초프의 개혁은 의도와 달리 소련 공산당의 권력을 약화시켰어요. 마침내 1991년에 소련은 해체되고, 러시아를 포함한 15개 나라로 나뉘었어요.

유럽 동부에서 북아시아에 걸쳐 있는 러시아는 드넓은 땅과 많은 자원을 가진 나라예요. 소련의 국제적 지위와 주요 자산을 물려받은 러시아는 지금은 자본주의와 민주주의를 지향하고 있어요.

독일

독일도 분단의 아픈 역사가 있다고요?

○ 독일 한눈에 보기

- **위치**: 유럽 중부
- **수도**: 베를린
- **면적**: 약 36만㎢(대한민국의 약 3.6배)
- **인구**: 약 8,400만 명
- **언어**: 독일어

제1차 세계 대전에서 패배한 독일 사람들은 깊은 굴욕감과 분노를 느꼈어요. 그때 아돌프 히틀러라는 정치가가 나타나 이렇게 외쳤지요.

"우리 독일은 위대한 나라입니다! 다시 전쟁을 일으켜 잃어버린 영광을 되찾읍시다!"

많은 독일인이 이 말에 동조하며 히틀러를 따랐어요.

그리하여 1939년에 독일이 폴란드를 침공하면서 제2차 세계 대전이 일어났어요. 갑작스러운 전쟁에 유럽 여러 나라가 속수무책으로 당했어요. 독일은 승승장구하며 여러 나라를 점령했지요. 그러나 미국이 참전하면서 전세가 바뀌었고, 1945년에 독일이 항복하면서 전쟁이 끝났어요.

전쟁에서 이긴 연합군은 독일의 미래에 중요한 결정을 내렸어요.

"독일은 두 번이나 세계 대전을 일으킨 위험한 나라입니다. 더는 전쟁을 일으키지 못하게 동서로 갈라놓으면 어떨까요?"

그래서 독일은 '브란덴부르크 문'을 중심으로 사회주의를 지지하는 동독과 자본주의를 지지하는 서독으로 나뉘었어요.

하지만 시간이 흐르면서 다시 하나가 되기를 바란 동독과 서독 사람들은 1990년에 통일을 이루었답니다. 브란덴부르크 문은 이제 통일 독일의 상징이 되었지요.

두 번의 세계 대전과 나라가 나뉘는 아픔을 겪은 독일은 뛰어난 기술력과 부지런한 국민성을 바탕으로 빠르게 발전했어요. 지금은 세계적인 경제 강국으로 우뚝 섰답니다.

스페인

스페인 사람들은 왜 투우를 좋아할까요?

○ 스페인 한눈에 보기

위치: 유럽 남부 이베리아반도
수도: 마드리드
면적: 약 50만㎢ (대한민국의 약 5배)
인구: 약 4,800만 명
언어: 스페인어

"여러분, 여기는 스페인의 투우장 앞입니다. 수많은 사람들이 투우 경기를 보러 이곳으로 모여들고 있습니다."

한국 방송의 유민나 기자가 현장에서 투우 경기를 취재하고 있었어요.

"투우는 투우사가 빨간 천을 휘두르며 소를 흥분시킨 뒤, 창을 찔러 쓰러뜨리는 경기입니다. 잠시 관계자와 이야기를 나눠 보겠습니다. 투우 경기를 소개해 주시겠어요?"

"스페인에는 전국에 약 300개가 넘는 투우장이 있으며, 그중 규모가 큰 투우장은 좌석이 2만 석을 넘어요. 한 번에 여섯 번의 경기가 열리고, 한 경기당 20분 정도가 걸립니다."

투우는 풍요를 기원하며 신에게 황소를 바치는 의식에서 시작되었다고 해요. 오랜 세월 동안 스페인 사람들에게 사랑받은 전통 문화였지요. 그러나 최근에는 동물 학대라는 비판이 나오면서 투우 경기를 없애야 한다고 주장하는 사람들이 많아요.

정열의 나라 스페인에서는 다채로운 축제가 열려요. 토마토를 던지며 즐기는 '토마토 축제', 좁은 길에 소를 풀어놓고 함께 내달리는 '산페르민 축제' 등이 유명하지요.

스페인은 한때 세계 여러 나라를 식민지로 삼으며 대제국을 건설했던 나라예요. 그래서 곳곳에 널린 화려한 문화유산을 보기 위해 매년 수많은 관광객이 스페인을 방문해요.

오스트리아

오스트리아가 전쟁에 이겨서 탄생한 크루아상

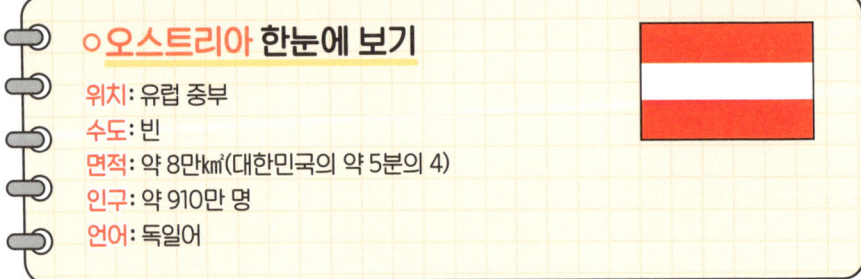

○ **오스트리아** 한눈에 보기

- **위치**: 유럽 중부
- **수도**: 빈
- **면적**: 약 8만㎢(대한민국의 약 5분의 4)
- **인구**: 약 910만 명
- **언어**: 독일어

1529년, 오스만제국이 오스트리아로 쳐들어갔을 때 일이에요.

"오스트리아를 점령하면 유럽으로 가는 길이 열린다!"

오스만제국 병사들은 오스트리아의 수도 빈을 포위하고 성벽 밑에 이슬람 깃발을 꽂았어요. 깃발에는 이슬람을 상징하는 초승달이 그려져 있었지요.

"저 깃발이 우리 성벽 위에 꽂히는 일은 절대 없어야 한다. 모두 죽을 각오로 성을 지켜라!"

오스트리아 군대는 한마음으로 뭉쳐 대항했어요. 덕분에 오스만제국의 침략을 거뜬히 막아 냈어요.

"승리를 기념하는 뜻에서 이슬람을 상징하는 초승달 모양의 빵을 만들어 먹읍시다."

이렇게 해서 만들어진 빵이 바로 '크루아상'이에요.

'동쪽의 왕국'이라는 의미를 지닌 오스트리아는 1529년과 1683년 두 번에 걸친 오스만제국의 침략을 모두 물리쳤어요. 그리고 유럽의 강대국으로 성장하면서 한때 네덜란드, 루마니아, 헝가리 등 여러 나라를 지배했어요. 그러나 제1차 세계 대전과 제2차 세계 대전에서 연거푸 지면서 영토가 크게 줄어들었답니다.

<u>오스트리아의 수도 빈은 세계적인 예술의 도시예요. 우리가 잘 아는 모차르트, 슈베르트, 하이든을 비롯해 독일의 베토벤과 브람스 같은 유명한 음악가들이 빈을 중심으로 활동했어요. 지금도 오스트리아 곳곳에서는 1년 내내 크고 작은 음악 축제가 열려요.</u>

이탈리아

이탈리아는 왜 남북 갈등을 겪고 있을까요?

○ 이탈리아 한눈에 보기

- **위치**: 유럽 남부
- **수도**: 로마
- **면적**: 약 30만㎢ (대한민국의 약 3배)
- **인구**: 약 6천만 명
- **언어**: 이탈리아어

이탈리아는 장화 모양으로 길게 뻗은 반도국이에요. 남북 간의 거리가 아주 멀어서 기후뿐 아니라 산업 발달과 경제 수준, 사람들의 생활에도 큰 차이가 있지요. 그렇다 보니 이탈리아 남부 지역과 북부 지역이 사이가 나빠요.

"북부 지역은 밀라노, 제노바 같은 도시를 중심으로 산업이 크게 발달하고 있어. 그런데 우리 남부 지역은 이게 뭐야? 농사나 어업만으로 어떻게 잘 먹고 잘살 수 있겠어?"

"누가 아니래? 북부 지역은 남부보다 경제 수준이 아주 높아. 그러니 정부는 남부 지역에 좀 더 지원을 늘려야 해."

그러나 북부 사람들은 남부 사람들의 주장에 반대했어요.

"아니, 왜 우리가 낸 세금으로 남부 지역을 도와야 하지? 남부 사람들을 먹여 살리려고 우리가 돈을 버는 게 아니잖아."

실제로 북부 지역에서는 자치권을 더 많이 달라고 요구하는 주민 투표를 실시한 적도 있어요. 많은 사람이 찬성했지만 법적으로 효력이 없었지요.

"모든 길은 로마로 통한다."라는 말이 있을 정도로 이탈리아는 한때 로마제국이라는 큰 나라를 세워 번영을 누렸어요. 또 학문과 예술이 발전하여 서양의 법, 예술, 정치, 건축 등 여러 분야가 발전하는 데 크게 기여했답니다. 이탈리아에는 피사의 사탑, 폼페이 유적, 원형 경기장을 비롯해 수많은 유적과 유적지가 있어요. 또한 이탈리아는 전 세계의 패션을 이끄는 나라이기도 해요.

바티칸시국

세계에서 가장 작은 나라는 어디일까요?

○ **바티칸시국** 한눈에 보기

- **위치** : 이탈리아 로마 시 안
- **수도** : 바티칸
- **면적** : 0.44㎢ (창덕궁과 비슷, 가장 작은 나라)
- **인구** : 약 1천 명
- **언어** : 라틴어, 이탈리아어

이탈리아는 본래 여러 도시 국가로 나뉘어 있었어요. 그중에서 로마는 천 년 넘게 교황이 직접 다스리는 땅이었지요. 그런데 1805년에 프랑스의 나폴레옹이 이탈리아를 침략하자 사람들은 한목소리를 냈어요.

"통일된 국가를 세워야 외세의 침략을 막을 수 있다!"

1870년, 이탈리아는 드디어 통일 국가를 이루었어요. 오랫동안 교황의 땅이었던 로마도 이탈리아로 들어가게 되었지요. 다만 지금의 바티칸이 자리한 작은 지역만 교황의 영토로 남겨 두었어요.

그 뒤 1929년에 교황 비오 11세는 당시 이탈리아의 정권을 잡고 있던 독재자 무솔리니와 비밀 협상을 벌였어요.

"우리 바티칸을 독립된 나라로 인정해 주시오. 그러면 전 세계 가톨릭 신자들의 지지를 얻을 수 있을 겁니다."

"좋습니다. 이제부터 바티칸은 독립된 나라입니다."

무솔리니와 교황 비오 11세가 맺은 이 조약을 '라테라노 조약'이라고 해요.

현재 바티칸시국은 완전한 독립국으로, 모든 주권을 교황이 행사하고 있어요. 세계에서 제일 작은 나라인 바티칸시국은 면적이 창덕궁 정도에 불과하지만, 14억 명의 신자를 거느린 가톨릭의 중심지예요. 이탈리아의 수도 로마 시내 안에 자리 잡고 있으며, 전 세계 가톨릭 신자들이 보내는 성금과 관광 수입 등으로 나라를 운영한답니다.

폴란드

제2차 세계 대전의 동기가 된 나라라고요?

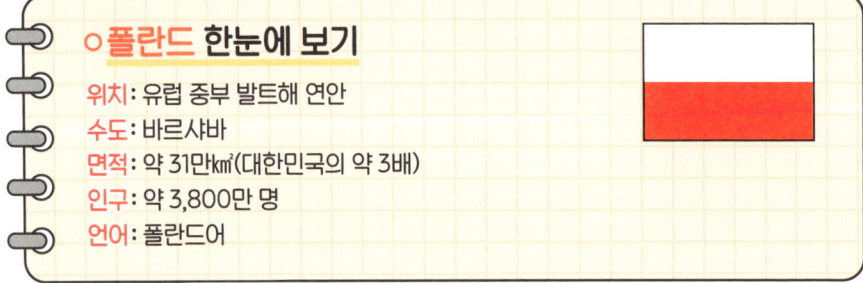

○ **폴란드** 한눈에 보기

위치: 유럽 중부 발트해 연안
수도: 바르샤바
면적: 약 31만㎢(대한민국의 약 3배)
인구: 약 3,800만 명
언어: 폴란드어

폴란드는 동유럽과 서유럽이 만나는 중간에 자리 잡고 있어요. 이러한 지리적 위치 때문에 오랫동안 주변 강대국들의 침입에 시달렸어요. 제1차 세계 대전이 끝난 뒤에야 겨우 나라를 다시 세울 수 있었지요.

하지만 평화는 오래가지 않았어요. 1939년, 독일의 히틀러가 전쟁을 일으키면서 폴란드는 또 위기에 빠졌어요.

"폴란드는 본래 독일 땅이었다. 그러니 당연히 우리 차지다."

히틀러는 소련과 비밀 협약까지 맺었어요.

"우리가 폴란드를 침략할 때 눈감아 주면 나중에 폴란드 땅의 반을 주겠소."

결국 폴란드는 독일과 소련에 나뉘어 점령당했어요. 그러자 이번에는 유럽 여러 나라들이 폴란드를 구하려고 나섰어요.

"히틀러의 폴란드 침공을 못 본 체할 수는 없습니다."

"맞습니다. 히틀러가 두 번 다시는 전쟁을 일으키지 못하게 모두 힘을 합쳐 막아야 합니다."

이렇게 해서 제2차 세계 대전이 일어났어요. 이 전쟁으로 헤아릴 수 없이 많은 사람들이 목숨을 잃었어요. 특히 폴란드의 아우슈비츠 수용소에서는 인류 역사상 가장 잔인한 학살이 자행되었어요.

<u>폴란드는 1945년에 제2차 세계 대전이 끝난 뒤 다시 독립할 수 있었어요. 그리고 불행한 역사의 비극을 잊지 말자는 뜻에서 아우슈비츠 수용소를 그대로 보존하고 있어요.</u>

포르투갈

후추가 대항해 시대의 막을 열었다고요?

○ **포르투갈** 한눈에 보기

- **위치**: 유럽 이베리아반도 서부
- **수도**: 리스본
- **면적**: 약 9만 ㎢ (대한민국과 비슷)
- **인구**: 약 1천만 명
- **언어**: 포르투갈어

14세기 무렵, 해산물을 즐겨 먹던 유럽인들에게 한 가지 고민이 있었어요.

"생선은 맛있긴 한데, 비린내가 많이 나고 빨리 썩어서 탈이야."

"후추를 뿌려 보게. 비린내도 없앨 수 있고, 부패도 막아 주지."

"후추? 그게 뭔데?"

"아니, 자네 아직 후추도 모르나? 요즘 유럽에서 불티나게 팔리는 향신료라네."

당시 유럽에서 아주 귀한 식재료였던 후추는 인도에서 나왔는데, 오스만제국과 베네치아 상인들이 후추 무역을 독점했어요. 그러다 보니 후추 가격이 점점 비싸졌지요.

그러자 '항해 왕'이라고 불리던 포르투갈의 엔리케 왕자는 결심했어요.

"우리가 직접 바닷길을 찾아 향신료를 사 오자!"

포르투갈은 튼튼한 배를 만들고 항해술을 발전시켜서 인도와 아시아로 가는 새로운 길을 개척했어요. 그러면서 아시아와 아프리카, 브라질 등 세계 곳곳을 식민지로 삼아 착취를 일삼았지요. 포르투갈의 식민지 경영은 약 600년 동안이나 이어졌는데, 마지막으로 1999년에 마카오를 중국에 돌려주면서 끝났어요.

한때 대항해 시대를 이끈 포르투갈은 지금은 조용하고 평화로운 나라가 되었어요. 1910년에는 왕이 다스리는 나라에서 공화국으로 바뀌었지요.

참고로, 세계 곳곳에서 사용하는 단어 중에는 '빵(pão)', '담배(tabaco)'처럼 포르투갈어에서 유래한 말도 많답니다.

그리스

알몸으로 올림픽 경기를 했다고요?

○ **그리스 한눈에 보기**

위치: 유럽 남동부 지중해 연안
수도: 아테네
면적: 약 13만㎢(대한민국의 약 1.3배)
인구: 약 1천만 명
언어: 그리스어

고대 그리스는 여러 도시 국가로 나뉘어 있었는데, 서로 전쟁을 벌이는 일이 많았어요. 그래서 도시 국가의 대표들이 모여 머리를 맞대고 의논했어요.

"전쟁을 멈추고 사이좋게 지낼 수 있는 방법이 없을까요?"

"4년마다 올림피아 제전을 열어 운동 경기를 펼치면 어떨까요? 자주 만나다 보면 친해지지 않겠어요?"

"오, 멋진 생각이군요! 경기 종목은 달리기, 창던지기, 원반 던지기, 멀리뛰기, 레슬링 등으로 합시다. 그리고 올림피아 제전이 열리는 동안에는 모든 전쟁을 멈춥시다."

이렇게 해서 기원전 776년에 올림피아 제전이 시작됐는데, 이것이 바로 올림픽의 기원이에요. 그러나 올림피아 제전은 지금의 올림픽과 다른 점이 많았어요. 그리스인 남성만 참가할 수 있었고, 여성은 관람조차 할 수 없었어요. 게다가 선수들이 모두 알몸으로 경기를 했다고 해요.

그리스는 고대 유럽 문화가 태어난 곳이에요. 도시 국가 아테네를 중심으로 민주주의와 함께 철학·수학·문학이 발전했으며, 빼어난 건축물도 많이 세워졌어요. 그리스는 기원전 2세기부터 로마제국의 지배를 받았고, 그 뒤로는 비잔틴제국, 오스만제국 같은 강대국의 지배를 받다가 1829년에야 독립했어요. 고대의 유물과 유적이 널린 그리스는 관광 산업이 매우 발달한 나라랍니다.

스위스

영구 중립국이 뭔가요?

○ 스위스 한눈에 보기

위치: 유럽 중부 내륙
수도: 베른
면적: 약 4만㎢(대한민국의 약 5분의 2)
인구: 약 900만 명
언어: 독일어, 프랑스어, 이탈리아어, 로만슈어

14세기 무렵에 스위스는 농지가 너무 부족해서 문제가 심각했어요. 인구에 비해 농사 지을 땅이 턱없이 모자라 대다수 백성이 가난에 허덕였지요. 그래서 스위스 청년들 중에는 먹고살기 위해 다른 나라의 전쟁에 나가 싸우며 돈을 버는 용병이 많았어요. 그러다 보니 수많은 스위스 청년들이 전쟁터에서 목숨을 잃었고, 같은 스위스 사람끼리 서로 다른 나라 편에 서서 싸우는 비극적인 일마저 벌어졌지요.

  16세기에 들어서자 스위스 사람들은 이런 상황을 더는 참을 수가 없었어요.

  "이제는 남의 나라 전쟁에 휘말리고 싶지 않아."

  "맞아! 남에게 간섭받지 않는 중립국이 되고 싶어."

  중립국을 향한 스위스 사람들의 열망은 오랫동안 이어졌어요. 그러다 1815년에 오스트리아 빈에서 열린 국제 회의 때 유럽 강대국들이 공식적으로 인정함으로써 드디어 스위스는 영구 중립국이 됐지요. 그 후로 스위스는 평화와 외교의 중심지로 자리 잡았답니다.

  스위스는 금융 산업이 매우 발달한 나라예요. 스위스 은행들은 고객의 비밀을 철저히 지켜 주기로 유명해서 전 세계의 많은 돈이 스위스로 몰려들고 있지요. 또한 스위스는 시계 산업으로도 아주 유명해요. '스위스 시계' 하면 품질 좋은 고급 시계를 떠올리는 사람이 많을 거예요.

덴마크

월급의 절반을 세금으로 낸다고요?

○ 덴마크 한눈에 보기

- **위치**: 유럽 서북부 유틀란트반도
- **수도**: 코펜하겐
- **면적**: 약 4만 ㎢ (대한민국의 약 5분의 2)
- **인구**: 약 600만 명
- **언어**: 덴마크어

덴마크로 유학을 떠난 근영 씨는 모르텐 씨 집에서 생활하게 되었어요. 어느 날, 근영 씨는 우연히 모르텐 씨의 월급 명세서를 보고 깜짝 놀랐어요.

"아니, 월급이 얼만데 세금을 이렇게나 많이 내세요?"

"우리 덴마크 사람들은 월급의 절반 정도를 세금으로 내요."

"세금을 많이 내면 생활하기가 힘들지 않나요?"

"세금을 많이 내는 대신에 나라에서 그만큼 혜택을 줘요. 우리는 병원비와 학교 등록금이 모두 공짜예요."

얼마 뒤, 근영 씨는 모르텐 씨가 해고됐다는 소식을 들었어요.

"모르텐 씨, 요즘 걱정이 많으시겠어요."

"괜찮아요. 직장을 잃으면 전 직장에서 받던 월급의 최대 90퍼센트를 2년 동안 나라에서 주거든요."

"와, 덴마크는 복지 혜택이 엄청나네요!"

북유럽 국가인 덴마크는 노르웨이, 스웨덴 등과 함께 복지 정책이 크게 발전한 나라예요. 무상 교육, 무상 의료, 국민연금 등 사회 복지 제도를 폭넓게 운영하며, 사회 보장 비용은 대부분 정부에서 부담해요.

덴마크는 복지 제도뿐 아니라 축산업이 발달한 나라로도 잘 알려져 있어요. 축산업 부문은 세계 최고 수준의 생산성과 효율성을 자랑하지요. 또한 덴마크는 기계, 금융, 에너지, 건설 등 다양한 산업 부문이 고루 발달한 나라랍니다.

네덜란드

네덜란드는 왜 풍차의 나라가 되었을까요?

○ 네덜란드 한눈에 보기

위치: 유럽 북서부
수도: 암스테르담
면적: 약 4만 ㎢(대한민국의 약 5분의 2)
인구: 약 1,800만 명
언어: 네덜란드어

네덜란드는 국토의 4분의 1이 바다보다 낮은 나라예요. 이 때문에 옛날에는 해마다 물난리를 겪어야 했어요.

"땅이 자꾸 물에 잠겨서 농사를 지을 수가 없어요."

"인공 둑을 쌓으면 어떨까요? 그리고 풍차를 돌려 물을 퍼내면 농사지을 땅도 만들 수 있을 거예요."

인공 둑을 쌓은 결과, 툭하면 넘쳐 들어오던 바닷물을 막아 내고 농토를 만드는 기적을 이루었어요. 그래서 네덜란드인들은 지금도 이런 말을 즐겨 한다고 해요.

"세계는 신에 의해, 네덜란드는 네덜란드인에 의해 만들어졌다."

그런데 요즘 네덜란드는 쥐 때문에 골치를 썩고 있대요.

"우리 선조들이 힘들게 쌓아 올린 인공 둑을 쥐들이 갉아 먹는대."

"뭐? 둑이 터지면 땅이 다시 물에 잠길 텐데, 큰일이군."

그래서 네덜란드 정부는 전문 방역 업체와 손잡고 해마다 엄청나게 많은 쥐를 잡고 있어요.

네덜란드는 일찌감치 넓은 세계를 향해 눈을 돌린 나라예요. 인도, 중국과 무역을 했고, 인도네시아를 식민지로 삼아 350년 동안 지배하기도 했지요.

오늘날 네덜란드는 세계에서 가장 많은 치즈를 수출하는 나라 가운데 하나이자 세계 최대의 꽃 수출국으로 유명해요.

벨기에

벨기에는 벨기에어가 없다고요?

○ **벨기에 한눈에 보기**

위치: 유럽 북서부
수도: 브뤼셀
면적: 약 3만㎢(대한민국의 약 3분의 1)
인구: 약 1,200만 명
언어: 네덜란드어, 프랑스어, 독일어

벨기에에는 라틴족과 게르만족이 함께 살고 있는데, 각각 다른 언어를 사용해요.

한때는 언어를 통일하자는 의견이 나오기도 했어요.

"한 나라 국민들이 서로 다른 언어를 사용하는 건 문제가 있습니다. 언어를 하나로 통일합시다."

그러자 서로 자기들 언어를 공용어로 삼아야 한다며 다투었어요. 북쪽에 거주하는 게르만족은 네덜란드어를, 남쪽에 사는 라틴족은 프랑스어를, 동쪽의 소수 민족은 독일어를 공용어로 내세웠지요.

결국 벨기에 정부는 세 언어를 모두 공용어로 정했어요.

"앞으로 벨기에 북부에서는 네덜란드어를, 남부에서는 프랑스어를, 동부에서는 독일어를 사용합시다."

그럼 텔레비전 방송은 어떻게 할까요? 지역마다 각각 다른 언어로 방송해요. 학교에서는 프랑스어와 네덜란드어를 필수로 가르치고 독일어는 선택 과목이에요. 독일어를 쓰는 사람은 전체 인구의 1퍼센트밖에 안 되거든요.

유럽 여러 나라와 국경을 맞대고 있는 벨기에는 예전에 전쟁터가 되기도 했어요. 하지만 지금은 그런 지리적 조건 덕분에 오히려 유럽 무역과 물류의 중심지로 성장했답니다. 유럽 연합을 비롯한 많은 국제기구도 벨기에에 있어요. 그래서 벨기에는 '유럽의 수도'라고도 불려요.

핀란드

핀란드에는 부정부패가 없다고요?

○ **핀란드** 한눈에 보기
- **위치**: 유럽 북부 발트해 연안
- **수도**: 헬싱키
- **면적**: 약 34만㎢(대한민국의 약 3.4배)
- **인구**: 약 560만 명
- **언어**: 핀란드어, 스웨덴어

길벗신문사 국장이 김민우 기자를 불렀어요.

"김 기자, 알다시피 핀란드는 부정부패가 없고 청렴하기로 손꼽히는 나라예요. 그 비결이 무언지 직접 가서 취재해 보세요."

김 기자는 핀란드에 도착하자마자 정부 관계자를 만났어요.

"한국의 길벗신문사 기자 김민우입니다. 핀란드가 청렴한 나라가 될 수 있었던 이유가 무엇이라고 생각하십니까?"

"핀란드 사람들이 믿는 루터교 덕분입니다. 루터교는 무엇보다 청렴을 기본 신조로 삼고 있어요. 그런 정신이 우리 사회를 깨끗하게 만들지 않았나 생각합니다."

"아, 그렇군요. 또 다른 이유는 없을까요?"

"우리 사회는 아주 투명해요. 정치인과 기업인은 일 년에 한 번씩 얼마를 벌었는지, 재산이 얼마나 늘었는지를 밝혀야 해요. 언론은 모든 공인들의 재산 변동을 보도하고요. 따라서 부정부패가 발붙일 틈새가 없죠. 그리고 시민들의 높은 의식도 한몫하고 있어요. 핀란드 시민들은 부패 사실을 알면 곧바로 관련 기관에 신고한답니다."

이처럼 핀란드는 청렴할 뿐만 아니라 훌륭한 사회 복지 제도를 갖춘 선진국이에요.

날씨가 추운 핀란드에는 전국에 약 300만 개의 사우나 시설이 있다고 해요. 그만큼 핀란드 사람들은 사우나를 자주 즐겨요. 참고로, '사우나'는 바로 핀란드 말이에요.

체코

체코와 슬로바키아가 같은 나라였다고요?

○체코 한눈에 보기

- 위치: 유럽 중부
- 수도: 프라하
- 면적: 약 8만㎢ (대한민국의 약 5분의 4)
- 인구: 약 1,100만 명
- 언어: 체코어

체코슬로바키아는 제2차 세계 대전이 끝난 뒤에 소련의 영향을 받아 사회주의 국가가 됐어요. 그런데 소련 공산당은 체코슬로바키아를 사사건건 간섭하며 못살게 굴었어요.

"신문 기사나 책을 쓸 때는 반드시 우리 허락을 받아야 한다."

"공산당의 허락 없이 함부로 모임을 열면 안 된다."

체코슬로바키아 국민들은 공산당에 끈질기게 저항했어요. 그리고 1989년에 체코슬로바키아는 드디어 민주주의 국가가 되었어요.

그런데 '체코' 지역과 '슬로바키아' 지역은 문화, 언어, 종교 등 여러 면에서 달랐어요.

"우리는 서로 너무나 달라."

"맞아. 게다가 우리도 힘든 마당에 가난한 슬로바키아 지역을 경제적으로 계속 지원할 순 없어."

"그럼 이번 기회에 따로 독립하는 게 어떨까?"

그렇게 해서 체코슬로바키아는 '체코'와 '슬로바키아'로 분리되었어요. 이 사건은 다른 연방국이 해체될 때와 달리 어느 쪽도 피를 흘리지 않고 평화롭게 진행되어 '벨벳 이혼'이라고도 일컬어요.

체코의 정식 명칭은 '체코공화국'이에요. 체코는 산, 동굴, 호수 등 아름답고 다채로운 자연환경으로 유명해요. 또 체코의 수도 프라하는 역사와 문화유산이 숨 쉬는 멋진 도시로 손꼽히지요.

헝가리

헝가리 민족의 조상이 아시아에서 왔다고요?

○ 헝가리 한눈에 보기

- **위치**: 유럽 중동부
- **수도**: 부다페스트
- **면적**: 약 9만㎢ (대한민국과 비슷)
- **인구**: 약 960만 명
- **언어**: 헝가리어

중앙아시아 초원 지대에 살던 마자르족의 족장이 어느 날 사람들에게 말했어요.

"지금 우리가 사는 곳은 메마른 초원 지대여서 물이 부족하다. 듣자 하니 서쪽에는 물이 풍부하고 넓은 땅이 있다고 한다. 서쪽으로 가서 나라를 세우자!"

마자르족은 새로운 나라, 새로운 땅을 꿈꾸며 멀리 서쪽으로 이동했어요.

"우리 앞을 막는 자들은 모조리 베어라!"

유럽 사람들은 마구잡이로 사람을 해치는 마자르족 때문에 공포에 떨었어요.

"마자르족과 싸우느니 차라리 우리가 다른 곳으로 이사 가는 편이 낫겠어."

그리하여 마자르족은 지금의 동유럽 일대를 정복하고 헝가리왕국을 세울 수 있었어요. 그런데 헝가리가 자리 잡은 곳이 동유럽 중앙이어서 끊임없이 다른 민족의 침입을 받았어요. 오랜 세월이 흐르자 황인종이었던 마자르족은 주변의 여러 유럽 민족과 섞이면서 점차 백인종이 되어 갔지요.

그러나 주변 동유럽 사람들이 대부분 슬라브족인 데 비해 헝가리 사람들은 대부분 아시아계인 마자르족이에요. 언어도 주변 나라들과 전혀 다른 아시아계 언어를 사용하지요. 헝가리의 주요 산업은 농업, 목축업, 관광업이며 특히 온천이 많은 것으로 유명해요.

루마니아

진짜 드라큘라가 있었다고요?

○ 루마니아 한눈에 보기

- **위치**: 유럽 남동부
- **수도**: 부쿠레슈티
- **면적**: 약 24만㎢ (대한민국의 약 2.4배)
- **인구**: 약 1,900만 명
- **언어**: 루마니아어

드라큘라의 모델로 알려진 실제 인물은 15세기 왈라키아공국(옛 루마니아)에서 태어난 블라드라는 사람이에요. 왈라키아의 왕자로 태어난 그는 어릴 때 오스만제국의 포로로 잡혀갔어요. 블라드는 그곳에서 온갖 수모를 견뎌 내며 복수를 다짐했지요.

시간이 흘러 블라드는 왈라키아의 왕이 되었어요. 그는 오스만제국과 치른 전투에서 포로로 잡은 오스만제국 병사들을 잔인하게 죽였어요.

"블라드가 포로들을 뾰족한 꼬챙이로 뚫어 죽인다며?"

"말도 마. 눈에 거슬리는 사람은 불에 태워 죽인대."

이런 이야기가 널리 퍼지자 사람들은 그를 '블라드 체페슈(꼬챙이로 찌르는 자)'라고 불렀어요. 소문이 돌면서 블라드는 점점 악마처럼 묘사되었고, 훗날에는 그를 모티브로 한 '흡혈귀 드라큘라'라는 캐릭터까지 탄생했지요.

그렇지만 루마니아 사람들은 블라드를 오스만제국에 대항하여 용감히 싸운 민족 영웅으로 생각해요.

왈라키아와 몰다비아라는 두 나라가 합쳐지면서 생긴 루마니아는 제2차 세계 대전 때 소련에 지면서 사회주의 국가가 되었어요. 그러나 1989년 민주화 혁명을 거쳐 민주주의 국가로 바뀌었고, 나라 이름도 루마니아사회주의공화국에서 루마니아가 되었답니다.

루마니아는 농업, 목축업, 임업이 주산업이며 최근에는 IT 산업이 크게 성장하고 있어요.

아일랜드

약 800년 만에 영국에서 독립했다고요?

○ 아일랜드 한눈에 보기

위치: 유럽 북서부
수도: 더블린
면적: 약 7만㎢(대한민국의 약 10분의 7)
인구: 약 520만 명
언어: 아일랜드어, 영어

17세기, 잉글랜드(지금의 영국 일부)는 아일랜드를 식민지로 지배하고 있었어요. 그런데 당시 잉글랜드 왕은 아일랜드인들이 믿는 가톨릭을 탐탁지 않아 했어요.

"어떻게 하면 아일랜드인들이 가톨릭 대신 개신교를 믿게 할 수 있겠는가?"

"폐하, 아일랜드 북부에 개신교를 믿는 스코틀랜드인들을 이주시키면 어떻겠습니까? 그러면 그들을 통해 자연스레 개신교를 믿게 될 겁니다."

이렇게 해서 아일랜드 북쪽에 스코틀랜드인이 주로 거주하는 북아일랜드 지역이 만들어졌어요. 그러나 일이 계획대로 풀리지는 않았어요. 종교와 문화가 다른 두 집단 사이에 깊은 갈등이 생겼지요.

"흥! 잉글랜드 편을 드는 북아일랜드인들과는 함께 살 수 없다."

아일랜드인들은 북아일랜드인들과 오랫동안 끊임없이 다투었어요. 그러다 1919년에 이르러 영국과 아일랜드 사이에 전쟁이 일어나고 말았어요. 치열한 전쟁이 끝난 뒤, 아일랜드는 북아일랜드주를 제외한 지역을 다스릴 권리를 얻었어요. 1949년에는 완전한 독립 국가가 되었고요. 영국의 지배를 받은 지 무려 780년 만이었지요.

아일랜드 사람들은 축구와 럭비를 열광적으로 좋아하고, 하키와 비슷한 '헐링'이라는 스포츠를 즐겨요. 그리고 세계적으로 유명한 흑맥주 회사 '기네스'가 아일랜드에서 나왔지요. 이 회사는 해마다 기발하고 놀라운 세계 기록을 모아 『기네스북』을 발행하고 있답니다.

모나코

세금을 내지 않아도 되는 나라가 있다고요?

○ 모나코 한눈에 보기

- **위치**: 유럽 남부
- **수도**: 모나코
- **면적**: 약 2㎢ (여의도의 약 3분의 2)
- **인구**: 약 4만 명
- **언어**: 프랑스어

유럽의 부자들은 모나코를 아주 좋아해요.

"모나코에는 소득세가 없대."

"정말? 그렇다면 당장 모나코로 이민 가야겠군."

"하지만 아무나 모나코 국민이 될 수는 없어. 모나코 국적을 얻으려면 모나코 국적의 부모가 있어야 돼. 또는 모나코인과 결혼해서 모나코에서 살거나 모나코에서 10년 넘게 생활해야만 모나코 국민이 될 자격을 얻을 수 있어."

이처럼 조건이 까다롭기 때문일까요? 나라를 세운 지 약 700년이 지났는데도 모나코 인구는 4만 명 정도라고 해요.

모나코는 세계에서 두 번째로 작은 나라이지만 역사는 아주 오래되었어요. 1297년에 그리말디 왕가가 처음 나라를 세운 뒤로 지금껏 그리말디 왕가가 통치해 오고 있지요. 한때 프랑스에 영토를 잃기도 했지만, 1861년에 체결한 '프랑스-모나코 조약'에 따라 완전히 독립했어요.

그런데 프랑스는 모나코에 불합리한 조건을 요구했어요.

"만약 그리말디 왕가의 대가 끊길 경우, 모나코는 프랑스의 보호 아래 자치국이 되어야 한다."

이 때문에 모나코 국민들은 그리말디 왕가의 대가 끊기지 않기를 간절히 바랐어요. 다행히 2002년에 모나코와 프랑스가 새로운 협약을 맺으며 이 조항은 무효가 되었답니다.

모나코는 유럽에서 가장 호화로운 휴양지로 손꼽히는 나라예요. 또한 관광 산업, 부동산업 등을 통해 벌어들이는 돈으로도 충분히 나라가 운영되기 때문에 국민들에게서 소득세를 걷지 않아요.

아이슬란드
얼음의 나라가 있다고요?

○ 아이슬란드 한눈에 보기

위치: 대서양 북부
수도: 레이캬비크
면적: 약 10만㎢ (대한민국과 비슷)
인구: 약 39만 명
언어: 아이슬란드어

아이슬란드는 '얼음의 나라'라는 뜻이에요. 이름만 들으면 엄청 추울 것 같지요? 그렇지만 생각보다 춥지 않아요.

그런데 왜 아이슬란드라는 이름이 붙었을까요? 학자들은 처음 이곳에 정착한 바이킹이 일부러 이런 이름을 붙였으리라고 추측해요.

9세기 무렵, 노르웨이에 살던 바이킹들이 배를 타고 북쪽으로 갔어요.

"북쪽에도 사람이 살 만한 땅이 있을까?"

그런데 한참을 노 저어 도착한 북쪽 섬은 의외로 따뜻했어요.

"이런 곳에 이렇게 살기 좋은 땅이 있다니! 이 섬을 '아이슬란드'라고 부르자!"

"그래! '얼음의 나라'라고 이름 지으면 아무도 이 땅을 넘보지 않을 거야. 엄청 추운 곳이라고 생각할 테니까."

그리하여 이 섬의 이름이 아이슬란드(Iceland)가 되었다고 해요.

노르웨이에서 건너간 바이킹이 세운 아이슬란드는 북극권 바로 아래에 있는 섬나라예요. 그렇지만 1년 내내 얼음에 뒤덮여 있는 곳은 전체 국토의 12퍼센트 정도랍니다. 대개는 겨울에도 얼음이 어는 항구가 없을 만큼 온화한 편이에요.

아이슬란드는 화산 활동이 활발한 곳이에요. 땅 중앙에 갈라진 틈이 있는데, 그곳에서 용암이 계속 뿜어져 나와요. 흘러내린 용암이 굳으면서 아이슬란드 땅은 조금씩 넓어지고 있다고 해요.

그린란드

그린란드가 초록으로 덮인 섬이 아니라고요?

○ **그린란드** 한눈에 보기

위치: 대서양과 북극해 사이
수도: 누크
면적: 약 216만㎢(대한민국의 약 21배)
인구: 약 6만 명
언어: 그린란드어, 덴마크어

10세기 후반, 아이슬란드는 붉은 머리 바이킹 에이리크 일당 때문에 공포에 휩싸였어요.

"에이리크 일당 때문에 무서워서 살 수가 없어."

"누가 아니래. 눈 하나 깜짝하지 않고 살인을 저지른다니까!"

얼마 후, 에이리크 일당을 체포한 아이슬란드 정부는 이들을 저 멀리 서쪽 땅으로 추방했어요. 서쪽 땅에 도착한 에이리크 일당은 깜짝 놀랐어요.

"이게 뭐야? 온통 얼음뿐이잖아."

에이리크 일당은 얼음으로 꽁꽁 언 땅을 개척해 보려 했지만 쉽지 않았어요. 그래서 궁리 끝에 좋은 방법을 생각해 냈어요.

"이 땅 이름을 그린란드라고 짓자!"

"두목, 이 땅은 얼음뿐인데 왜 그런 이름을 지어요?"

"곧이곧대로 얼음 땅이라고 하면 누가 오겠느냐? 그린란드처럼 그럴듯한 이름을 붙여야 많은 사람들이 여기로 올 거 아니야!"

그리하여 이 땅은 '초록색 섬'이라는 뜻을 지닌 그린란드가 되었어요. 이름 덕분인지 그 뒤로 차츰 사람들이 들어와서 정착했지요.

그린란드는 오랫동안 덴마크령에 속해 있다가 2009년에 자치 정부를 세우면서 많은 권한이 생겼어요. 하지만 국방이나 외교 문제는 아직 덴마크가 맡고 있답니다.

그런데 최근 지구 온난화 때문에 그린란드의 얼음이 점점 녹아서 채소를 재배할 수 있는 땅이 늘어나고 있대요. 이러다 이름처럼 진짜 초록 섬이 되는 게 아닐까요?

3장
아메리카 나라 여행

미국

미국은 누가 세운 나라일까요?

○ 미국 한눈에 보기

- **위치**: 북아메리카 중앙
- **수도**: 워싱턴
- **면적**: 약 980만㎢ (대한민국의 약 98배)
- **인구**: 약 3억 4천만 명
- **언어**: 영어

16세기, 영국 왕은 성공회라는 종교를 만들어 국민들에게 믿으라고 강요했어요. 그러나 영국의 청교도들은 거부했지요.

"아무리 왕의 명령이라고 해도 종교를 바꿀 순 없습니다."

1620년, 청교도들은 영국을 떠나 영국 식민지였던 북아메리카로 향했어요.

"종교의 자유를 찾아 새로운 땅으로 갑시다!"

북아메리카에 도착한 청교도인들은 열심히 황무지를 일구고 농토를 만들어 곡식을 생산하며 새로운 삶을 시작했어요. 하지만 그곳에서도 영국의 간섭과 횡포를 피할 수 없었어요.

그러자 새 땅에 정착한 청교도들의 불만이 폭발했어요.

"이렇게 당하고만 있지 말고 다 같이 힘을 모아서 독립된 나라를 세웁시다!"

"맞습니다. 이대로 계속 영국의 탄압을 받으며 살 수는 없습니다."

영국과 전쟁을 벌인 이들은 드디어 1776년에 '미국'이라는 독립된 나라를 세웠어요.

미국은 북아메리카의 48개 주, 여기에 알래스카와 하와이까지 더해져 50개 주로 이루어진 나라예요. 공식 명칭은 '미합중국(United States of America)'이고, 줄여서 'U.S.A.'라고 하지요.

미국은 여러 민족이 함께 살고 있는 다민족 국가예요. 미국 국기에 그려진 별 50개는 미국의 50개 주를 상징하며, 각 주마다 독자적인 헌법과 의회가 있어요.

캐나다

퀘벡주는 왜 캐나다에서 독립하려고 하나요?

○ **캐나다** 한눈에 보기

위치: 북아메리카 북부
수도: 오타와
면적: 약 998만㎢(대한민국의 약 99배, 세계 2위)
인구: 약 4천만 명
언어: 영어, 프랑스어

16세기 중반, 원주민들만 살던 북아메리카의 캐나다 땅에 프랑스인들이 찾아와 탐험을 시작했어요.

"요즘 유럽 사람들은 모피 옷을 좋아하는데, 이곳을 식민지 삼아 동물 모피를 가져가면 큰 이익을 남길 수 있을 거야."

얼마 뒤에는 영국인들까지 똑같은 욕심을 품고 이 땅으로 찾아왔어요.

마침내 두 나라는 캐나다 땅을 놓고 전쟁을 벌였는데, 영국이 이기면서 캐나다는 영국 차지가 되었어요. 이때 전쟁에서 진 프랑스인들은 대부분 자기 나라로 돌아갔지만 퀘벡주에 있던 프랑스인들은 캐나다에 그대로 남았어요.

영국계 사람들은 퀘벡주의 프랑스계 사람들을 오랫동안 차별했어요. 그러자 퀘벡주 주민들이 들고일어나 분리 독립 운동을 했어요.

"우리 프랑스계 캐나다인들끼리 따로 나라를 세웁시다."

분리 독립 운동은 지금도 계속되고 있어요. 그러나 시간이 지나면서 이 운동을 지지하는 세력이 점점 줄고 있답니다.

캐나다는 세계에서 러시아 다음으로 큰 나라예요. 인구 밀도가 낮고 자원이 풍부하여 살기 좋은 나라로 손꼽히지요. 캐나다는 미국과 국경을 맞대고 있는데, 두 나라 사이의 국경이 세계에서 가장 긴 국경이에요. 캐나다는 오랫동안 이민을 적극적으로 받아들였기 때문에 유럽인, 아시아인, 원주민 등 다양한 민족이 사는 대표적인 다민족 국가예요.

멕시코

멕시코인들은 왜 스페인 군대를 반겼을까요?

○ 멕시코 한눈에 보기

위치: 북아메리카 남부
수도: 멕시코시티
면적: 약 196만㎢(대한민국의 약 19.6배)
인구: 약 1억 3천만 명
언어: 스페인어

16세기에 스페인 군대 500명이 지금의 멕시코 땅으로 쳐들어갔을 때 일이에요. 당시 그곳에는 아즈텍족이 살고 있었는데, 바닷가에서 망을 보고 있던 병사가 허겁지겁 달려가 왕에게 보고했어요.
  "바다를 건너온 적군의 얼굴색이 하얗습니다. 전설 속 케찰코아틀 신과 꼭 닮았습니다!"
  "뭐라고? 그게 정말이냐?"
  아즈텍족 전설에 따르면, 케찰코아틀이라는 신은 오랫동안 아스테카왕국을 다스리다 떠나면서 이런 말을 남겼대요.
  "훗날 아즈텍족을 구하러 바다를 건너 다시 오겠다."
  그런데 이 케찰코아틀 신의 얼굴이 하얗고 수염이 난 모습이었다고 해요. 그래서 아즈텍족 사람들은 스페인 군대에 맞서 싸우기는커녕 오히려 성대하게 환영했어요. 그 덕에 스페인은 아스테카왕국을 손쉽게 식민지로 삼을 수 있었지요.
  스페인은 아주 오랫동안 아스테카왕국을 지배하며 금이나 은 같은 귀한 자원을 빼앗아 갔어요. 하지만 아스테카왕국의 후손인 멕시코 사람들은 스페인에 맞서 강력한 독립 운동을 펼쳤고, 1821년에 드디어 독립했답니다.
  멕시코는 자원이 아주 풍부한 나라예요. 금, 은, 구리, 철광석 등이 많이 생산되며, 특히 은 생산량은 세계 1위예요. 또 사탕수수, 카카오, 커피, 담배, 밀, 옥수수 같은 다양한 작물을 재배하는 농업도 활발해요.

페루

잉카제국의 후손이라고요?

○ 페루 한눈에 보기

- 위치: 남아메리카 북서부
- 수도: 리마
- 면적: 약 130만㎢(대한민국의 약 13배)
- 인구: 약 3,400만 명
- 언어: 스페인어, 아이마라어, 케추아어

12세기 무렵, 잉카제국은 놀라운 문명을 이룩했어요. 이웃 나라 사람들은 잉카제국의 기술을 부러워했지요.

"자네, 잉카제국이 만든 길 봤나? 정말 대단해!"

"잉카인들은 건축 기술도 놀라워. 바늘 하나조차 들어갈 틈이 없을 만큼 정교하게 벽을 쌓더라고."

"천문학과 의료 기술은 따라갈 수 없을 정도지."

그런데 이렇게 찬란한 문명을 발달시킨 잉카제국에는 문자가 없었대요. 그 이유를 둘러싸고 여러 가지 가설이 있는데, 그중 하나는 전염병과 관련된 전설이에요.

어느 날, 무서운 전염병이 퍼져 수많은 사람이 목숨을 잃자 잉카제국의 황제가 신에게 기도를 올렸어요. 그랬더니 잉카제국의 모든 문자를 없애야 전염병이 사라질 거라는 신탁이 내려왔지요.

황제는 당장 신하들에게 명령했어요.

"글이 새겨진 천은 모두 태워 버리고, 글이 새겨진 돌은 전부 긁어내라."

이리하여 잉카제국에서는 문자가 사라졌다고 해요.

화려한 문명을 꽃피운 잉카제국은 마추픽추라는 공중 도시 유적으로도 유명해요. 그러나 1532년에 스페인의 침략을 받아 한순간에 멸망했고, 1824년에야 페루라는 이름으로 독립 국가를 세웠어요. 페루 국민 절반은 잉카인의 후손인 인디오인데, 주로 안데스 산지나 티티카카호 주변에 살고 있어요. 페루는 잉카제국과 스페인 문화가 조화를 이룬 독특한 나라랍니다.

에콰도르

그 유명한 갈라파고스 제도가 있는 나라라고요?

○ 에콰도르 한눈에 보기

위치: 남아메리카 북서부
수도: 키토
면적: 약 28만㎢ (대한민국의 약 2.8배)
인구: 약 1,800만 명
언어: 스페인어, 케추아어, 슈아르어

에콰도르에는 특이한 자연환경으로 유명한 갈라파고스 제도가 있어요. 이곳에는 수십 개의 섬이 있는데, 관광객들은 섬으로 들어가기 전에 여러 가지 주의 사항을 들어야 해요.

"여러분, 갈라파고스 제도는 전체가 국립 공원이기 때문에 반드시 자연 보호 정책을 따르셔야 합니다. 섬 안에서는 안내원 없이 혼자 다니면 안 되고, 지정된 길을 벗어나거나 섬에 사는 동물을 만져도 안 됩니다. 또 길가에 있는 작은 돌멩이 하나라도 주워서는 안 됩니다. 그리고 섬에 들어갈 때나 나올 때는 반드시 신발에 묻은 흙을 털어 내야 합니다."

"신발은 왜 터나요?"

"신발에 묻은 흙에 식물의 씨앗이 붙어 있을지도 모르니까요."

이처럼 에콰도르 정부는 갈라파고스 제도의 자연환경을 철저히 보호하고 있어요.

에콰도르는 생물 다양성이 매우 풍부한 나라로 손꼽혀요. 특히 독특한 동물이 많기로 유명한 갈라파고스 제도는 다윈의 진화론이 탄생한 곳이며, 유네스코 세계 자연유산으로 지정된 곳이랍니다.

에콰도르는 한때 스페인의 식민 지배를 받다가 1831년에 독립했어요. 나라 이름은 스페인어로 '적도'를 뜻하며, 잉카제국 시절에 원주민들이 만든 적도 표시와 유럽 과학자들이 세운 적도 탑이 남아 있어요. 라틴 아메리카의 다른 나라들처럼 에콰도르 문화에도 스페인과 토착 원주민 문화가 함께 어우러져 있어요.

브라질

브라질에 포르투갈 왕실이 있었다고요?

○ 브라질 한눈에 보기

위치: 남아메리카 대륙 동부
수도: 브라질리아
면적: 약 850만㎢ (대한민국의 약 85배)
인구: 약 2억 1천만 명
언어: 포르투갈어

1500년 어느 날, 포르투갈 왕이 탐험가 페드루 알바레스 카브랄을 불렀어요.

"인도에서 향신료를 가져오도록 하라."

카브랄은 곧 인도를 향해 떠났어요. 그러나 도중에 거센 폭풍을 만나 항로를 크게 벗어나면서 도착한 곳이 바로 남아메리카의 브라질이었어요. 포르투갈은 브라질이 이용 가치가 높다고 생각해 브라질을 식민지로 삼았지요.

그런데 1807년, 유럽에서 프랑스의 나폴레옹이 여러 나라를 침략하며 전쟁을 일으켰어요. 포르투갈 또한 위기에 놓이자, 왕실 사람들은 브라질로 피했어요. 그 뒤를 이어 귀족, 관리, 군인 등 1만여 명이 포르투갈을 떠나 브라질의 리우데자네이루로 갔지요. 포르투갈인들이 이곳에 교회, 은행, 대학, 재판소 등을 세우면서 브라질은 빠르게 변해 갔어요.

포르투갈 왕은 1821년에 본국으로 돌아가면서 아들 페드루에게 브라질을 맡겼어요. 그러자 나라를 넘겨받은 페드루는 1822년에 브라질의 독립을 선언했어요.

"이제 브라질은 포르투갈의 식민지가 아니다!"

브라질에는 여러 민족이 함께 살고 있어 때때로 갈등이 일어나곤 해요. 하지만 온 국민이 좋아하는 축구가 계급과 지역 간의 갈등을 줄이는 데 도움을 주고 있지요. 브라질 축구를 흔히 '삼바 축구'라고 표현해요. 삼바는 리듬이 빠르고 열정적인 브라질 춤을 가리키는데, 브라질의 축구 스타일이 화려하고 리듬감이 넘치기 때문에 이런 이름이 붙었답니다.

베네수엘라

남미의 영웅이 태어난 나라라고요?

○ **베네수엘라** 한눈에 보기

위치: 남아메리카 북부
수도: 카라카스
면적: 약 91만 6천㎢(대한민국의 약 9배)
인구: 약 2,800만 명
언어: 스페인어

1492년에 콜럼버스가 아메리카를 발견한 이후 약 300년 동안 아메리카 중남부 지역은 스페인의 지배를 받았어요. 스페인어나 포르투갈어 같은 라틴계 언어를 쓰는 나라들이 모여 있기 때문에 이 지역을 '라틴 아메리카'라고 하지요.
　19세기 초에 이르러 스페인의 힘이 약해지자 라틴 아메리카에서는 독립 운동의 물결이 거세게 일었어요. 이때 독립 운동에 가장 앞장선 사람이 바로 '시몬 볼리바르'예요.
　볼리바르는 스페인을 완전히 몰아낸 뒤에 이렇게 말했어요.
　"여러분! 다시는 강대국의 지배를 받지 말아야 합니다. 그러려면 라틴 아메리카에 하나로 통일된 나라를 세워야 합니다."
　볼리바르는 통일 국가 건설에 찬성한 곳을 한데 묶어 '그란콜롬비아'라는 나라를 세웠어요. 그러나 그란콜롬비아는 약 11년 만에 다시 베네수엘라, 콜롬비아, 에콰도르 등으로 나뉘었어요.
　그중 베네수엘라는 영웅 볼리바르가 태어난 곳이에요. 그래서 볼리바르를 향한 존경심과 애정이 아주 특별하지요. 나라 이름도 볼리바르의 이름을 따서 '베네수엘라볼리바르공화국'으로 지었고, 화폐 단위도 '볼리바르'예요. 헌법 이름마저 '볼리바르 헌법'이랍니다.
　베네수엘라는 풍부한 석유와 천연가스 매장량 덕분에 한때 남미에서 부유한 국가로 꼽혔어요. 그러나 최근 들어 국제 유가 하락, 만연한 부정부패, 무분별한 화폐 발행 등 여러 가지 요인이 겹치면서 베네수엘라 경제는 큰 위기에 빠졌답니다.

아르헨티나

아르헨티나에는 왜 백인이 많이 살고 있을까요?

○ 아르헨티나 한눈에 보기

- 위치: 남아메리카 남동부
- 수도: 부에노스아이레스
- 면적: 약 280만㎢(대한민국의 약 28배)
- 인구: 약 4,500만 명
- 언어: 스페인어

19세기 후반, 스페인에서 독립한 아르헨티나 정부는 고민에 빠졌어요.

"어떻게 하면 우리 아르헨티나를 발전시킬 수 있을까요?"

"음, 선진 문명을 보유한 유럽 백인들을 데려오면 어떨까요? 마침 일할 사람도 부족하고요."

그래서 아르헨티나 정부는 유럽 백인을 대상으로 적극적인 이민 정책을 펼쳤어요. 이민자들에게 비옥한 땅을 나누어 주고, 그들이 정착할 수 있게끔 지원을 아끼지 않았지요. 그러자 점점 더 많은 유럽인이 아르헨티나로 건너왔어요.

그런데 백인 이민자가 늘어날수록 옛날부터 그 땅에 살고 있던 원주민과 흑인들에 대한 인종 차별이 심해졌어요.

"교육받지 못한 원주민과 흑인은 우리 아르헨티나 국민이 될 자격이 없다!"

이런 사회 분위기에서 수많은 원주민과 흑인이 강제 노동에 시달리거나 학살당했어요. 살아남기 위해 이웃 나라인 우루과이와 브라질로 피신한 사람들도 있었고요.

이 때문에 아르헨티나는 남아메리카에서 백인이 유독 많은 나라가 되었어요. 백인이 전체 인구의 약 95퍼센트를 차지하지요.

아르헨티나에는 팜파스라는 아주 넓은 초원 지대가 있어 농업과 목축업이 발달했어요. 그리고 아르헨티나 하면 빼놓을 수 없는 게 바로 '탱고'예요. 탱고는 남녀 한 쌍이 추는 정열적인 춤으로, 아르헨티나를 대표하는 춤이에요.

코스타리카
군대 없는 나라가 있다고요?

○ 코스타리카 한눈에 보기
- 위치: 중앙아메리카 남부
- 수도: 산호세
- 면적: 약 5만㎢ (대한민국의 약 2분의 1)
- 인구: 약 510만 명
- 언어: 스페인어

어느 날, 코스타리카의 대통령이 기자 회견을 열었어요.

다른 나라 기자가 질문했어요.

"코스타리카에는 군대가 없다는데 정말인가요?"

"네, 그렇습니다. 우리는 1949년에 군대를 금지한다는 헌법을 발표했고 그때부터 군사비를 줄였습니다."

"그럼 국방비에 전혀 돈을 안 쓰시나요?"

"코스타리카는 국방비가 전체 지출의 0.6퍼센트에 불과합니다. 이것도 국경 경비나 치안에 드는 비용이에요. 전투기, 군함, 전차 같은 전쟁용 무기는 아예 없습니다."

"군대가 없으면 다른 나라의 침략을 받지 않을까요?"

"군대는 전쟁을 막아 주지 않습니다. 오히려 서로 자꾸 의심하게 만들어 전쟁 위험성만 높아지지요. 군대 없이도 얼마든지 나라를 지킬 수 있습니다."

코스타리카는 1948년에 내전을 겪은 뒤, 같은 비극이 다시는 반복되지 않도록 스스로 군대를 해산했어요. 그러고는 국방비 예산을 교육, 의료, 복지 등 사회 기반 분야에 집중적으로 투자하여 국민의 삶의 질을 크게 높였지요. 그래서 코스타리카는 교육 수준과 생활 수준이 중남미에서 가장 높고, 민주주의 의식 또한 아주 높아요. 뿐만 아니라 국토의 25퍼센트가 국립 공원과 자연 보호 구역으로 지정되어 있을 만큼 아름답기로 유명하답니다.

파나마

운하로 먹고사는 나라라고요?

○ 파나마 한눈에 보기

- **위치**: 중앙아메리카
- **수도**: 파나마시티
- **면적**: 약 7만 5천㎢ (대한민국의 약 4분의 3)
- **인구**: 약 450만 명
- **언어**: 스페인어

20세기 초에 파나마는 콜롬비아의 지배를 받고 있었어요. 파나마 사람들은 독립하고 싶어 했지만 콜롬비아는 순순히 허락하지 않았어요. 그러자 파나마는 미국에 도움을 요청했어요.

　"우리가 독립할 수 있게 도와줄 수 있습니까?"

　"물론이죠. 다만 조건이 있습니다. 파나마 운하 건설에 필요한 땅을 우리에게 빌려주시오."

　파나마에는 북아메리카와 남아메리카를 연결하는 가느다란 지형이 있어요. 그런데 이전까지는 큰 관심을 받지 못하던 이 지형이 갑자기 세계의 주목을 받게 되었어요. 그 땅에 운하를 건설하면 대서양에서 태평양으로 곧장 갈 수가 있거든요. 운하는 배가 지나다닐 수 있게 땅을 파서 인공적으로 만든 물길이에요. 그래서 미국은 운하를 건설할 땅을 빌려달라고 요구한 거예요.

　얼마 후, 파나마가 미국의 도움을 받아 독립 국가가 되자 미국은 약속대로 파나마 운하를 건설했어요. 그때부터 파나마 운하는 미국이 관리해 왔지요. 그러나 소유권을 놓고 오랫동안 충돌하다 1999년에 파나마로 소유권이 넘어왔어요. 파나마 운하에서 벌어들이는 돈은 파나마 경제에 아주 큰 도움을 주고 있어요.

　그런데 파나마에는 군대가 없다고 해요. 소규모 경찰과 국경 경비대만 있을 뿐이에요. 정치적 안정과 미국과의 관계를 고려한 결정이었지요.

북대서양

세네갈

라이베리아

남대서양

4장 아프리카 나라 여행

이집트
스핑크스와 피라미드의 나라

○ 이집트 한눈에 보기
- 위치: 아프리카 북동부
- 수도: 카이로
- 면적: 약 100만㎢ (대한민국의 약 10배)
- 인구: 약 1억 1천만 명
- 언어: 아랍어

먼 옛날 그리스에는 스핑크스라는 신비한 존재가 살고 있었대요. 스핑크스는 날개가 돋친 사자의 몸에 사람 얼굴이 달린 모습이었는데, 사람들에게 수수께끼를 내서 풀지 못하면 잡아먹었어요.

"아침에는 네 다리로, 낮에는 두 다리로, 밤에는 세 다리로 걷는 짐승이 무엇이냐?"

아무도 이 문제의 정답을 맞히지 못했지요. 그러던 어느 날, 이곳을 지나던 오이디푸스가 단번에 정답을 맞혔어요.

"그것은 사람이다. 사람은 어릴 때 네 다리로 기고, 자라서는 두 발로 걷고, 늙어서는 지팡이를 짚어 세 다리로 걸으니까."

오이디푸스가 정답을 알아맞히자 스핑크스는 물에 몸을 던져 죽었다고 해요.

이 이야기는 그리스의 신화로, 이집트 스핑크스의 영향을 받아 만들어졌어요.

그런데 본래 고대 이집트인들에게 스핑크스는 무서운 괴물이 아니라 신성한 왕권을 상징했어요. 그래서 고대 이집트 왕들은 신전이나 무덤, 피라미드 입구에 돌로 만든 스핑크스를 세워 두었답니다.

아시아와 유럽을 잇는 곳에 자리 잡은 이집트는 기원전 3000년쯤에 통일 왕국을 세웠어요. 그리고 약 2500년 동안 나일강을 중심으로 찬란한 문명을 꽃피우며 막강한 왕국을 건설했지요. 이집트는 한때 로마와 오스만제국, 영국 등의 지배를 받았지만, 제2차 세계대전 이후 주권을 되찾아 독립 국가가 되었어요.

남아프리카공화국

아프리카에 왜 백인들이 살고 있을까요?

○ **남아프리카공화국** 한눈에 보기

위치: 아프리카 남쪽 끝
수도: 프리토리아(행정), 케이프타운(입법), 블룸폰테인(사법)
면적: 약 120만㎢(대한민국의 약 12배)
인구: 약 6,400만 명
언어: 영어, 아프리칸스어, 줄루어 등 12개 언어

1652년, 흑인들만 살던 아프리카 남쪽 땅에 네덜란드 사람들이 처음 건너왔어요.

"우아, 여기는 아프리카 같지 않아. 무덥지 않고 날씨가 좋네!"

"농사짓기에도 적당해 보여."

그 뒤로 더 많은 유럽 백인들이 건너왔고, 1815년부터는 영국이 이 지역을 식민지로 삼았어요.

그런데 백인들은 본래부터 이 땅에서 살아온 흑인들을 차별하고 무시했어요. 심지어 '흑인과 백인 분리법'까지 만들었어요.

"우리 백인은 지저분한 흑인과 함께 생활할 수 없어. 흑인은 화장실을 따로 써야 하고, 버스나 기차도 따로 타야 한다. 그리고 백인이 이용하는 호텔이나 음식점에는 들어갈 수 없다."

영국 본토에서는 이런 인종 차별 정책을 비난했지만, 남아프리카에 사는 백인들은 전혀 아랑곳하지 않았어요. 그리고 1961년 5월, 그곳 백인들은 영국에서 독립해 '남아프리카공화국'이라는 나라를 세웠답니다.

남아프리카공화국은 아프리카에서 가장 부유한 나라에 속해요. 금과 다이아몬드 같은 지하자원이 풍부하고 농업도 발달했지요. 그러나 백인과 흑인의 빈부 격차가 여전히 심하고 치안이 불안한 편이랍니다.

세네갈

세네갈에는 왜 아직 노예의 집이 남아 있을까요?

○ 세네갈 한눈에 보기

- **위치**: 아프리카 서해안
- **수도**: 다카르
- **면적**: 약 20만㎢ (대한민국의 약 2배)
- **인구**: 약 1,800만 명
- **언어**: 프랑스어, 월로프어

유럽 강대국들은 15세기 말부터 남아메리카에 진출해 곳곳에 식민지를 세웠어요. 그러고는 광산을 개발하고 사탕수수·면화·담배 농장을 지어 돈을 엄청나게 벌어들였지요. 그러나 남아메리카 원주민인 인디오들은 고된 노동에 시달린 나머지 목숨을 잃는 일이 많았어요.

"끙, 원주민이 너무 많이 죽어서 일꾼이 부족한데 어떡하지?"

"그렇다면 아프리카 사람들을 잡아다가 일을 시키자."

유럽 강대국들은 아프리카 여러 지역에 노예 시장을 만들고 노예 무역을 시작했어요.

"이 흑인 노예는 황소처럼 튼튼합니다. 사실 분!"

"내가 사겠소!"

16세기 후반부터 19세기 중반까지 노예 무역의 중심지는 세네갈의 고레섬이었어요. 백인들은 이 섬에 요새를 만들고 수많은 아프리카 사람들을 '노예의 집'이라는 건물에 가두었지요.

고레섬은 이처럼 슬픈 역사를 간직한 곳이에요. 세네갈 국민들은 이런 비참했던 과거를 잊지 말자는 뜻에서 고레섬에 있는 '노예의 집'을 지금까지 그대로 남겨 두었어요.

<u>1960년에 프랑스에서 독립한 세네갈은 다른 서아프리카 국가들보다 정치와 경제가 안정된 편이에요. 병원, 공항 같은 사회 기반 시설도 잘 갖춰서 서아프리카 지역을 처음 여행하는 사람들이 가장 먼저 찾는 나라이지요. 세네갈의 주요 산물은 땅콩인데, '세네갈의 황금'이라고 불릴 만큼 중요한 수출품이랍니다.</u>

에티오피아

솔로몬 왕의 아들이 세운 나라라고요?

○ 에티오피아 한눈에 보기

위치: 아프리카 동부
수도: 아디스아바바
면적: 약 110만㎢ (대한민국의 약 11배)
인구: 약 1억 3천만 명
언어: 암하라어

약 3천 년 전, 아프리카 시바 왕국의 여왕이 솔로몬 왕에 관한 소문을 들었어요.

"예루살렘에 아주 지혜로운 왕이 있다지? 도대체 얼마나 뛰어난지 직접 확인하고 싶어."

여왕은 진귀한 보물을 들고 예루살렘으로 갔어요.

"솔로몬 왕이시여, 당신의 지혜가 뛰어나다는 소문을 듣고 찾아왔습니다. 제가 수수께끼를 낼 테니 맞혀 보시겠습니까?"

솔로몬 왕은 수수께끼를 막힘없이 척척 풀었어요. 여왕은 그의 지혜로움에 크게 감탄했지요. 솔로몬 왕은 여왕의 총명함에 반했고요.

"시바 여왕, 그대는 정말 총명하시군요. 제 아내가 되어 주시겠소?"

여왕은 솔로몬 왕의 청혼을 받아들였어요. 그리고 얼마 뒤 두 사람 사이에서 훗날 에티오피아를 세웠다고 전해 오는 메넬리크 1세가 태어났어요.

이 이야기는 에티오피아의 건국 신화로, 에티오피아의 민족 정체성과 정통성을 상징한답니다.

에티오피아는 아프리카에서도 높은 지대인 에티오피아고원에 자리 잡고 있어요. 이곳은 기후가 서늘하고 땅이 기름져서 농사를 짓기에 알맞답니다. 이 지역은 특히 커피의 원산지로도 유명해요. 에티오피아는 세계적으로 널리 알려진 커피 생산국이지요.

'에티오피아'라는 이름은 그리스어에서 유래했는데, '햇볕에 그을린 얼굴의 사람들'이라는 뜻이라고 해요.

케냐

사자를 잡아야 어른이 된다고요?

○ 케냐 한눈에 보기

- 위치: 아프리카 동부
- 수도: 나이로비
- 면적: 약 58만㎢ (대한민국의 약 5.8배)
- 인구: 약 5,600만 명
- 언어: 스와힐리어, 영어

아프리카의 많은 부족 사회에는 어른이 되는 것을 기념하는 특별한 의식이 있어요. 이 의식을 성년식이라고 하는데, 성년식은 아이가 육체적·정신적으로 성장해 어른이 되었음을 인정하고 축하하는 전통이에요. 대개 14세에서 15세 사이에 치르지요.

그중에서도 케냐 사바나 지역에서 유목 생활을 하며 살아온 마사이족의 성년식은 좀 독특했답니다.

"마우마우야, 이제 너도 열네 살이니 성년식을 치를 준비를 하거라. 마사이족의 전사가 되려면 창을 들고 나가 사자를 잡아 와야 한단다."

"네? 사, 사자를요?"

"그래. 사자를 두려워하지 않는 용기를 보여야 진정한 어른으로 인정받을 수 있지."

마사이족 전사들은 가축을 맹수에게서 지켜야 했기 때문에, 이처럼 용기를 상징하는 사자 사냥이 오랫동안 성년식의 일부였어요.

그러나 오늘날에는 상황이 달라졌어요. 한곳에 정착해 농사를 짓거나 다른 일을 하는 사람이 많아졌고, 정부가 사냥 금지 정책을 시행하면서 이제는 사자 사냥을 하지 않는답니다.

케냐에는 끝없이 펼쳐진 사바나 초원이 있어요. 특히 30곳이 넘는 국립 공원과 야생 동물 보호 구역에서는 사자, 코끼리, 얼룩말, 기린 같은 동물들이 자유롭게 살아가요. 케냐를 찾는 관광객들은 이곳에서 차를 타고 동물을 관찰하는 '사파리 투어'를 즐기며 자연의 웅장함을 느낄 수 있지요.

라이베리아

미국에서 해방된 노예들이 세웠다고요?

○ 라이베리아 한눈에 보기

- **위치**: 아프리카 서부
- **수도**: 몬로비아
- **면적**: 약 11만㎢ (대한민국과 비슷)
- **인구**: 약 560만 명
- **언어**: 영어, 토착어

미국의 흑인 노예들은 링컨 대통령에 의해 해방되었어요. 그런데 해방된 흑인들은 그 뒤에 어떤 삶을 살았을까요?

"상원 의원님, 무슨 고민이 있으십니까?"

"이 보고서 좀 보세요. 백인과 해방된 흑인 사이에 갈등이 점점 심해지고 있어요."

"그럼 해방된 흑인들을 아프리카로 이주시키면 어떨까요? 아프리카는 그들 조상의 고향이니까 잘 적응할 겁니다."

이런 생각은 실행에 옮겨졌어요. 1821년부터 미국 정부는 해방된 흑인 일부를 아프리카 서부 해안으로 이주시켰어요. 그곳이 바로 지금의 라이베리아예요.

"자, 이제 여러분은 '아프리카 속의 작은 미국'을 건설할 겁니다. 미국은 여러분이 이곳에 뿌리내리고 살 수 있게 도울 겁니다."

이주해 간 사람들은 미국의 문화, 종교, 정치 제도를 그대로 가져다 정착했어요. 그리고 1847년에 이르러 라이베리아는 아프리카 최초의 공화국으로 독립을 선언했지요.

'라이베리아'는 '자유'를 뜻하는 '리버티(liberty)'에서 유래했어요. 라이베리아는 미국의 도움을 받아 세운 나라이기 때문에 국기도 미국의 성조기를 본떠 만들었어요. 현재 라이베리아의 전체 인구 가운데 약 5퍼센트가 미국계 흑인 노예의 후손이고, 나머지 95퍼센트는 본래 그 지역에서 살아온 원주민이에요.

르완다

아프리카에서는 왜 내전이 많이 일어날까요?

○ 르완다 한눈에 보기

- 위치: 아프리카 중부
- 수도: 키갈리
- 면적: 약 2만 6천㎢ (대한민국의 약 4분의 1)
- 인구: 약 1,400만 명
- 언어: 르완다어, 스와힐리어, 프랑스어, 영어

19세기에 많은 나라들이 서로 아프리카를 차지하려고 싸웠어요. 그러자 1885년에 유럽 강대국들과 미국, 오스만제국 등이 모여 아프리카를 두고 회담을 열었지요.

"서로 다투지 않고 아프리카를 나눌 방법이 없을까요?"

"국경선을 그어 나눕시다."

"국경선은 보통 자연적·지리적 조건을 기준으로 긋습니다. 그런데 아프리카에는 사막과 열대 우림이 많아서 국경선을 정하기가 너무 어려워요."

"민족도 구분해야 하지 않을까요? 서로 앙숙인 민족이 한 나라에 살게 되면 곤란하니까요."

"그럴 시간이 없습니다. 그냥 지도상에서 적당히 선을 그어 결정합시다."

이때 강대국들이 제멋대로 국경선을 긋는 바람에 국경선이 일직선인 지역도 생겼어요. 같은 민족인데 두 나라로 나뉘거나, 원수 사이인 민족의 영토가 한 나라로 합쳐지는 일마저 벌어졌지요. 이 때문에 르완다를 비롯한 아프리카 여러 나라에서는 내전이 자주 일어났어요.

르완다의 주산업은 농업이에요. 커피, 고구마, 옥수수, 담배 등 다양한 농작물을 재배하지요. 예전에 르완다에서는 후치족과 투치족 사이에 큰 갈등과 차별이 있었어요. 그러나 지금은 '르완다 국민'이라는 하나의 정체성을 확립하기 위해 노력하고 있답니다.

마다가스카르

아프리카 섬에 아시아인들이 산다고요?

○ **마다가스카르** 한눈에 보기

- 위치 : 아프리카 동쪽 인도양
- 수도 : 안타나나리보
- 면적 : 약 59만㎢(대한민국의 약 6배)
- 인구 : 약 3,100만 명
- 언어 : 마다가스카르어, 프랑스어

아주 먼 옛날, 인도네시아 등지에 살던 사람들이 새 땅을 찾아 서쪽으로 향했어요. 그러다 마다가스카르에 도착한 사람들은 이 섬의 매력에 푹 빠졌어요.

"우아, 이렇게 살기 좋은 섬이 있다니! 날씨도 따뜻하고 먹을 것도 아주 많아. 우리 가족을 모두 데려와서 살아야지."

이렇게 해서 많은 인도네시아인들이 마다가스카르에 정착하게 됐어요. 이 나라를 처음 방문한 사람들이 마다가스카르를 아시아 국가라고 착각할 정도라고 해요.

"신기하다. 마다가스카르는 아프리카에 속한다고 들었는데, 어떻게 쌀로 만든 밥을 주식으로 할까?"

"그뿐이 아니야. 이곳 사람들은 동남아시아 사람들처럼 2층으로 된 집에서 살아."

마다가스카르에 이처럼 아시아 문화와 풍습이 남아 있는 이유는 조상 중에 인도네시아인이 유독 많기 때문이에요.

세계에서 네 번째로 큰 섬 마다가스카르에는 다른 나라에서는 볼 수 없는 동식물이 많아요. 여우원숭이, 마다가스카르 방사상 거북, 바오바브나무를 비롯해 이 섬의 생물 가운데 약 90퍼센트는 지구 어디에서도 볼 수 없는 희귀종이에요.

마다카스카르는 17세기부터 20세기 중반까지 영국과 프랑스 같은 나라들의 식민지였다가 1960년에 완전히 독립했어요.

5장 태평양 연안 나라 여행

호주

죄수들이 세운 나라라고요?

○ **호주(오스트레일리아)** 한눈에 보기

- **위치**: 오스트레일리아 대륙
- **수도**: 캔버라
- **면적**: 약 770만㎢(대한민국의 약 77배)
- **인구**: 약 2,700만 명
- **언어**: 영어

1640년대 초, 네덜란드 정부는 그 시대 최고의 항해사인 타스만을 미지의 땅으로 보냈어요. 지금의 호주 땅에 도착한 타스만은 네덜란드 정부에 보고서를 올렸어요.

"여기는 야만인만 득실대는 쓸모없는 땅입니다."

타스만의 보고서를 읽고 네덜란드 정부는 호주에 대한 관심을 접었어요.

그 뒤 1770년에는 영국의 제임스 쿡 선장이 지금의 시드니에 닻을 내렸어요. 그는 영국 정부에 다음과 같은 보고서를 올렸지요.

"이 대륙은 식민지로 삼을 만한 가치가 있습니다. 땅이 넓고 자원도 풍부합니다."

그러자 영국 정부는 호주를 새로운 식민지로 삼고 죄수들을 보내 개척하기로 했어요. 죄수 700여 명과 간수 200여 명을 태운 배 열한 척이 상륙하면서 유럽인들이 본격적으로 정착했지요. 죄수들은 바위를 깨서 길을 만들고 교회와 관공서를 세우며 열심히 도시를 건설해 갔어요. 그리하여 나라의 기틀이 마련되자 1901년에 영국에서 독립했어요.

호주는 국토가 넓고 자원이 풍부하며 농업과 목축업이 발달했어요. 캥거루, 코알라처럼 다른 대륙에서 볼 수 없는 흥미로운 동물도 많아요. 호주는 흔히 '오스트레일리아'라고도 해요.

뉴질랜드

뱀과 맹수가 없다고요?

○ 뉴질랜드 한눈에 보기

- **위치**: 오스트레일리아 대륙 동남쪽
- **수도**: 웰링턴
- **면적**: 약 27만㎢ (대한민국의 약 2.7배)
- **인구**: 약 520만 명
- **언어**: 영어, 마오리어

뉴질랜드로 여행을 떠난 도연 씨가 공항 검색대 앞에 섰어요.

"혹시 음식물을 가져오셨습니까?"

"네. 김치, 라면, 고추장, 쌀······."

"죄송합니다만, 쌀 같은 씨앗류와 유제품은 반입할 수 없습니다."

공항 직원은 도연 씨가 가져온 음식물 대부분을 압수했어요.

"이런! 등산화에 흙이 묻어 있네요. 깨끗하게 털어 주세요. 흙 속에 해충이나 식물의 씨앗이 있을 수 있거든요. 뉴질랜드의 자연을 보호하기 위해 꼭 필요한 일이니 협조해 주십시오."

뉴질랜드 입국 심사가 이렇게 까다로운 이유는 뉴질랜드의 자연환경 때문이에요. 자연환경이 깨끗한 뉴질랜드에는 날지 못하는 키위새를 비롯해 독특한 동식물이 많이 살아요. 그리고 놀랍게도 뱀과 맹수가 없지요. 이렇게 특별한 자연환경을 지키기 위해 뉴질랜드 정부는 다른 나라에서 외래종이나 해충이 들어오는 것을 철저히 막고 있어요.

뉴질랜드는 18세기 영국의 탐험가 제임스 쿡 선장이 여러 차례 답사한 뒤로 영국인들이 본격적으로 이주했어요. 1840년에 뉴질랜드 원주민인 마오리족이 자신들을 보호해 주는 대가로 뉴질랜드의 통치권을 영국에 넘겼고, 1947년에 영국에서 독립했어요.

뉴질랜드는 아름다운 자연 경관 덕분에 관광 산업이 매우 발달했어요. 또한 양모와 유제품 등을 수출하며, 훌륭한 사회복지 제도를 갖추어 살기 좋은 나라로 손꼽힌답니다.

파푸아뉴기니

식인종이 사는 나라가 있다고요?

ㅇ파푸아뉴기니 한눈에 보기

위치: 오스트레일리아 북쪽, 남태평양 남서부
수도: 포트모르즈비
면적: 약 46만㎢(대한민국의 약 4.6배)
인구: 약 1,100만 명
언어: 영어, 피지어 등

19세기 초, 파푸아뉴기니에 상륙한 유럽인들은 몹시 긴장했어요.

"16세기에 스페인 선원이 이 섬을 발견했지만, 그 뒤로 아무도 이 섬을 찾지 않았대."

"왜 그랬을까?"

유럽인들은 한 발 한 발 조심스럽게 정글로 들어갔어요. 그런데 맨 앞에서 가던 탐험 대원이 갑자기 걸음을 멈추고 떨리는 목소리로 외쳤어요.

"으악! 저, 저들은 사람을 잡아먹는 식인종이야!"

유럽인들은 서둘러 배로 돌아와 부리나케 도망쳤어요. 이 놀라운 소식은 곧 많은 사람들에게 전해졌어요.

"뭐? 호주 근처 섬에 진짜 식인종이 살고 있다고?"

"그렇다니까! 용맹함을 보여 주기 위해 사람을 잡아먹는대."

지금도 파푸아뉴기니에 식인종이 살고 있는지 궁금하죠? 다행히 이제는 식인 풍습이 사라져 식인종을 찾아볼 수 없다고 해요.

파푸아뉴기니는 여러 개의 섬과 수백 개의 부족으로 이루어진 나라로, 부족마다 고유한 생활 방식을 지키며 살고 있어요. 언어도 서로 달라서 860여 개가 넘는 지역 언어가 사용되고 있어요. 제2차 세계 대전 이후에 '파푸아뉴기니'라는 이름으로 불렸으며, 1975년에 호주에서 독립했어요. 파푸아뉴기니의 주요 산물은 구리, 커피, 카카오 등이며, 국가 경제를 지탱하는 중요한 자원이에요.

투발루

바다로 가라앉고 있다고요?

○ 투발루 한눈에 보기

위치: 서남태평양 적도 아래
수도: 푸나푸티
면적: 약 26㎢(여의도의 약 9배)
인구: 약 1만 명
언어: 영어, 투발루어

"수상 각하, 하루빨리 이주민 대책을 세워야 합니다."

투발루 환경부 장관의 말에 수상이 괴로운 표정을 지었어요.

"장관, 우리 국민을 살릴 수 있는 좋은 방법이 없을까요?"

"우리 힘으로는 어쩔 수 없습니다. 미국과 중국 같은 나라들에서 엄청난 양의 온실가스를 끊임없이 내보내는 한은 지구 온난화가 계속될 겁니다. 지금 이 순간에도 빙하가 녹아 해수면이 점점 높아지고 있어요. 그 바람에 우리 투발루는 이제 곧 바닷속으로 가라앉아 버릴 운명입니다."

"끙! 살아남으려면 땅을 포기하고 다른 나라로 가는 수밖에 없을 듯하군요."

2023년, 투발루는 결국 이웃 나라 호주와 협정을 맺었어요.

"우리 호주는 매년 투발루 국민 280명을 '기후 난민'으로 받아들이고 영주권을 제공하겠습니다."

서남태평양 가운데에 있는 투발루는 산호섬 9개로 이루어진 작은 나라예요. 그중 일부 섬이 해수면 상승으로 위협받아서 많은 국민들이 투발루를 떠나고 있어요. 앞으로 40년 뒤에는 투발루의 모든 국민이 호주나 뉴질랜드 등지로 이주하게 될 수도 있다고 해요.

많은 양의 온실가스를 배출해 지구 온난화 문제를 일으키는 나라는 대부분 산업이 발달한 강대국들이에요. 그런데 정작 가장 먼저 바닷속으로 가라앉고 피해를 보는 나라는 투발루 같은 작은 섬나라이지요.

나우루공화국

새똥 덕에 부자가 된 나라가 있다고요?

○**나우루공화국** 한눈에 보기

위치: 서태평양 중부
수도: 야렌
면적: 약 21㎢(여의도의 약 7배)
인구: 약 1만 2천 명
언어: 나우루어, 영어

19세기 말, 나우루공화국에 인광석이 어마어마하게 많이 묻혀 있다는 사실이 밝혀졌어요. 인광석은 비료의 주요 원료로, 바닷새의 똥이 오랜 시간 쌓이고 굳어지면서 만들어지는 귀중한 광석이에요. 그러나 당시 다른 나라의 지배를 받고 있었기 때문에 인광석 채굴에서 나오는 막대한 수익은 나우루공화국의 몫이 아니었어요.

　그러다 1968년에 독립하면서 나우루공화국은 인광석 채굴권을 손에 넣었어요. 정부는 이 기쁜 소식을 국민에게 알렸지요.

　"이제 인광석은 우리 국민의 자산입니다! 다른 나라에 팔면 큰돈을 벌 수 있어요."

　"만세! 우리도 부자가 되는 거야."

　하루아침에 벼락부자가 된 나우루공화국 사람들은 집집마다 고급 승용차를 사들이고, 비행기를 전세 내 해외로 쇼핑 여행을 떠났어요. 인광석 캐는 일은 모두 외국인 노동자들에게 맡긴 채 나우루공화국 사람들은 그저 먹고 놀기만 했답니다.

　그러나 2000년대에 들어 인광석이 바닥을 드러내자 나우루공화국 사람들은 알거지가 되고 말았어요. 게다가 잘못된 식습관 때문에 국민 대부분이 과체중이 되었고, 국민의 40퍼센트는 당뇨병을 앓고 있다고 해요.

　호주 위쪽, 서태평양 중부에 위치한 나우루공화국은 바티칸시국, 모나코 다음으로 작은 나라예요. 서울 용산구 정도의 면적에 인구수는 약 1만 2천 명인 아주 작은 나라이지요.

찾아보기

그리스 84
그린란드 108

나우루공화국 160
남아프리카공화국 136
네덜란드 90
네팔 30
뉴질랜드 154

대만(타이완) 16
대한민국 10
덴마크 88
독일 70

라이베리아 144
러시아 68
루마니아 100
르완다 146

마다가스카르 148
말레이시아 44
멕시코 116
모나코 104
몽골 20
미국 112
미얀마 36

바티칸시국 78
베네수엘라 124
베트남 32
벨기에 92
부탄 24
브라질 122
브루나이 48

사우디아라비아 56
세네갈 138
스위스 86
스페인 72
싱가포르 46

○
아랍에미리트 52
아르헨티나 126
아이슬란드 106
아일랜드 102
아프가니스탄 54
에콰도르 120
에티오피아 140
영국 66

오스트리아 74
우즈베키스탄 22
이란 50
이스라엘 58
이집트 134
이탈리아 76
인도 26
인도네시아 42
일본 12

캄보디아 34
캐나다 114
케냐 142
코스타리카 128

태국(타이) 38
투발루 158
튀르키예 60

파나마 130
파키스탄 28
파푸아뉴기니 156

페루 118
포르투갈 82
폴란드 80
프랑스 64
핀란드 94
필리핀 40

헝가리 98
호주(오스트레일리아) 152
홍콩 18

중국 14

체코 96

참고 문헌

『나의 첫 아프리카 수업』, 김유아, 초록비책공방, 2021
『물어물어 찾아낸 나의 친구 아프리카』, 김명희, 어깨위망원경, 2025
『살아 있는 세계사 교과서1』, 전국역사교사모임, 휴머니스트, 2019
『세계사를 움직인 100대 사건』, 박영흠·김소정, 청아출판사, 2011

참고 자료

United Nations, 「UN Data」
국립국어원, 「외래어 표기법」
국립국어원, 『표준국어대사전』
대한민국 외교부 홈페이지 www.mofa.go.kr

읽다 보면 사회 상식이 저절로
그래서 이런 나라가 생겼대요

초판 1쇄 발행 2025년 9월 30일
초판 2쇄 발행 2025년 11월 7일

글쓴이 우리누리 | **그린이** 이진아

발행인 이종원 | **발행처** (주)길벗스쿨 | **출판사 등록일** 2025년 5월 28일
주소 서울시 마포구 월드컵로 10길 56(서교동) | **대표전화** 02)332-0931 | **팩스** 02)322-3895
홈페이지 school.gilbut.co.kr | **이메일** gilbut@gilbut.co.kr

기획 및 책임편집 김언수, 김진영 | **제작** 이준호, 손일순, 이진혁 | **마케팅** 양정길, 지하영, 김령희
영업유통 진창섭 | **영업관리** 정경화 | **독자지원** 윤정아
CTP출력 및 인쇄 교보피앤비 | **제본** 신정문화사
디자인 양×호랭 DESIGN | **교정교열** 김미경

잘못 만든 책은 구입한 서점에서 바꿔 드립니다.
이 책은 저작권법에 따라 보호받는 저작물이므로 무단전재와 무단복제를 금합니다.
이 책의 전부 또는 일부를 이용하려면 반드시 사전에 저작권자와 (주)길벗스쿨의 서면 동의를 받아야 합니다.
인공 지능(AI) 기술 또는 시스템을 훈련하기 위해 이 책의 전체 내용은 물론 일부 문장도 사용하는 것을 금합니다.

ⓒ우리누리, 이진아

ISBN 979-11-7467-039-7(73900) (길벗스쿨 도서번호 200455)

제품명	그래서 이런 나라가 생겼대요	주소	서울시 마포구 월드컵로 10길 56(서교동)
제조사명	(주)길벗스쿨	전화번호	02-332-0931
제조국명	대한민국	제조년월	판권에 별도 표기
사용연령	8세 이상		KC마크는 이 제품이 공통안전기준에 적합하였음을 의미합니다.